四訂 子どもの福祉

―子ども家庭福祉のしくみと実践―

松本峰雄・野島正剛・和田上貴昭　編著

内田知宏・小野智明・吉野真弓・赤瀬川修
関谷みのぶ・中島健一朗・河野清志・遠田康人　共著

建帛社
KENPAKUSHA

序にかえて

　2016（平成28）年6月3日，「児童福祉法」が改正された。最も大きな改正点は，児童福祉の理念である。第1条では，「全て児童は，児童の権利に関する条約の精神にのっとり，適切に養育されること，その生活を保障されること，愛され，保護されること，その心身の健やかな成長及び発達並びにその自立が図られることその他の福祉を等しく保障される権利を有する」とし，子どもの福祉が"welfare"から"well-being"に代わった。この「児童福祉法」の改正が「保育所保育指針」の改定につながり，2018（平成30）年4月1日から適用された。

　「保育所保育指針」の改定の方向性は，（1）乳児・1歳以上3歳未満児の保育に関する記載の充実，（2）保育所保育における幼児教育の積極的な位置づけ，（3）子どもの育ちをめぐる環境の変化を踏まえた健康及び安全の記載の見直し，（4）保護者・家庭及び地域と連携した子育て支援の必要性，（5）職員の資質・専門性の向上である。

　さらに近年の児童を取り巻くさまざまな要因は，「子どもの権利条約」に示されている児童の最善の利益に反するような状況，たとえば児童虐待やその他の社会的養護を必要とする児童の増加等（本文に詳述）が多々あり，それが「指定保育士養成施設の指定及び運営の基準について」の改正につながっていると思われる。

　この改正により，2019年度から保育士養成課程の教科目および教授内容も改められ，「児童家庭福祉」の科目は「子ども家庭福祉」として名称と教授内容が一部変更されている。大きな変更点としては，「子どもの人権擁護」という大項目が新たに設けられたことであるが，その他にも，地域における子育て支援の重要性や，貧困家庭・外国にルーツをもつ子どもとその家庭に関する内容なども新たに反映されることとなった。

　本書は，これらの法律等の改正，科目の教授内容に沿いながら，養成課程で学ぶ学生が理解しやすく，同時に，問題意識をもって日々の研鑽を積むことができるよう，できるだけ平易な文章を心がけ，また，学生の主体的な学びを図るために演習コーナーを設けた。

　多様化する保育ニーズ・虐待・待機児童の問題等，児童を取り巻く環境はさ

まざまである。これらの問題は一朝一夕に解決することは困難であるが，保育者を志す学生の意識が変わり，これからの保育や養護を担っていくことになれば早期に解決の方向が見えてくると思う。

　本書を大いに活用し，現代社会における子どもたちの実態を学び，自分たちは今何をすべきかを学び取ってほしい。

　2020年2月

著者を代表して　松 本 峰 雄

● も く じ ●

■第Ⅰ部　子ども家庭福祉の今を学ぶ■

第11章　世界の子ども家庭福祉　　　　　　　　　（関谷）

■第Ⅲ部　子ども家庭福祉の実践を学ぶ■

第12章　子ども家庭福祉の専門職　　　　　　　　（中島）

第13章　子ども家庭福祉の方法論　　　　　　　　　（河野）

第14章　子ども家庭福祉サービスにおける専門機関との連携（松本・遠田）

第1章　子ども家庭福祉とは

1——子ども家庭福祉の概念と理念

（1）子どもの概念

　1989年11月20日，国連総会で「児童の権利に関する条約（子どもの権利条約）」が採択された。この条約で，子どももまた人間であり，人間としての権利の主体である，子どもは単なる保護の対象ではなく，親とは別個の独立した人格を持つものであるとし，さらに，保護者はもちろん社会も子どもが健やかに生まれ育つ権利を尊重し，子どもの最善の利益をはかっていかねばならないことを訴えている。わが国においても，1994（平成6）年4月22日（5月22日施行）に同条約を批准した。

　現在，「子どもの権利条例」を制定している地方自治体がいくつかあるが，この場合，児童は年少児の印象が強く，「子ども」のほうが18歳未満を表すのに適切という考え方である。本書において，固有の用語を除き子どもを主に用いる理由は，これまで児童は教師の対立概念として，あるいは行政サービスの対象としてとらえられてきたが，前述の「子どもの権利条約」では，子ども自らが権利行使をする独立した人格を持つものとしてとらえられていることである。さらに，児童の定義は，「児童福祉法」では18歳未満，「母子及び父子並びに寡婦福祉法」では20歳未満，「学校教育法」の学齢児童では小学生を指すなど，法律によって異なり，用語上混乱を生じることや，「大人」に対して「子ども」という表現がふさわしいのではという理由からである。

　なお，子どもとは，『広辞苑』（岩波書店，第6版）によれば，「①自分の儲（もう）けた子，むすこ。むすめ。②幼いもの。わらわ。わらべ。小児。まだ幼く世慣れていないことにもいう。④目下の者達を親しんでいう語」とあり，確たる定義づけはされていない。また児は象形文字の「兒（げい）」で，上部に頭蓋（ずがい）の上部がま

だ合わさらない幼児の頭を描き，下に人体の形を添えたもの。「兒」は，小さく細かいの意を含んでいる。

　『保育用語辞典』（第8版：森上史郎・柏女霊峰編，ミネルヴァ書房，2015，p.2）によれば，「その語源をたどれば，〈児〉は頭蓋骨の固まっていない者，すなわち子どもの形態を表すものとされ，〈童〉は奴隷，しもべ，頭に何も被らない者など一人前の人間とみなされない者を表すとされていた。つまり〈児〉は生物的存在としての子どもを，〈童〉は社会的存在としての子どもを表しているということができる」とある。

（2）子ども家庭福祉の概念と理念

　わが国の戦後の急激な経済成長は，一方において環境を変え，あるいは破壊し，都市の過密化と農山漁村の過疎化を生じ，さらには核家族化の進行を促した。このことは一面では，物質面における恩恵で生活の近代化や教育水準の向上によって，子どもたちの多くはこの中で便利な生活を享受している。しかしその反面，生活環境の悪化（自然環境破壊による自然からの隔絶，公害と事故の脅威，社会と文化からの疎外などの問題），生活構造のひずみ（家庭生活や学校生活における混乱などの問題），生活空間における混乱や地域社会のバランスの欠如からくる生活調整機能の後退など，現在の子どもを取り巻く生活環境で子どもを健全に育成することは，はなはだ困難になっている。

　このような社会問題の現実を眺めると，子どもにとっての生活環境の整備・拡充は急務であり，同時に子どもの福祉の基本的課題でもある。

　子どもは，心身ともに発達期にあり，単なる大人の縮図ではない。子どもは，大人に比較して質的に異なる精神的・身体的な発達段階がある。また，子どもは成人と同じように生理的・社会的なニーズをもっており，社会生活上の基本的ニーズを充足するさまざまな社会制度とのかかわり合いの中で，自己の置かれている位置を確認している。そして自主・独立の生活ができる社会人への過程を，家庭を中心とした生活の中で急速な成長を伴いながら成長・発達をしている。こうしたことから子どもの福祉対策としては，それぞれの子どもを取り巻く環境と発達に即した一人ひとりへのきめ細かな施策が必要である。

　このことから，子ども家庭福祉では次のことが認識すべき重要な点といえる。

・子どもは，心身ともに発達の過程（未成熟の段階）にあり，一人では生活を維持していくことはできない。
・すべての子どもは，将来に向かって発達する可能性を秘めている。
・子どもの人権を尊重しつつ，その健全な成長を図っていく。

　子どもの福祉を阻害する各種の社会的状況から子どもを守っていかなければならない。

2──子どもの人権擁護と子ども家庭福祉の理念

　1948（昭和23）年12月10日，国際連合第3回総会で，第二次世界大戦の惨禍の反省から「世界人権宣言」が採択された。各国が達成すべき共通の基準を定めたもので，第1条で「すべての人間は，生まれながらにして自由であり，かつ，尊厳と権利とについて平等である」とし，人種・宗教・性などによる差別の禁止や自由権（市民的自由と政治的権利）・社会権（社会保障・労働・教育などの権利）等を規定し，その後の人権に関する条約や法律に大きな影響を与えた。

（1）「児童福祉法」の理念
　2016（平成28）年5月27日「児童福祉法の一部を改正する法律」が成立・公布された。この法律の改正の趣旨は，すべての子どもが健全に育成されるよう，児童虐待について発生予防から自立支援までの一連の対策を強化するため，「児童福祉法」の理念の明確化，子育て世代包括支援センターの法定化，市町村・児童相談所の体制の強化，里親委託の推進等を図ることである。
　また，「児童福祉法」の理念規定は，1947（昭和22）年の制定時から見直されておらず，子どもが権利の主体であること，子どもの最善の利益が優先されること等が明確でないといった課題が指摘され，この改正において，子どもは適切な養育を受け，健やかな成長・発達や自立が図られること等を保障される権利を有することを総則に位置づけ，国民，保護者，国，地方公共団体がこれを支える形で，子どもの福祉が保障される旨を明確化することとしている。

第1章　総則

第1条　全て児童は，児童の権利に関する条約の精神にのつとり，適切に養育されること，その生活を保障されること，愛され，保護されること，その心身の健やかな成長及び発達並びにその自立が図られることその他の福祉を等しく保障される権利を有する。

第2条　全て国民は，児童が良好な環境において生まれ，かつ，社会のあらゆる分野において，児童の年齢及び発達の程度に応じて，その意見が尊重され，その最善の利益が優先して考慮され，心身ともに健やかに育成されるよう努めなければならない。

②　児童の保護者は，児童を心身ともに健やかに育成することについて第一義的責任を負う。

③　国及び地方公共団体は，児童の保護者とともに，児童を心身ともに健やかに育成する責任を負う。

第3条　前2条に規定するところは，児童の福祉を保障するための原理であり，この原理は，すべて児童に関する法令の施行にあたつて，常に尊重されなければならない。

　家庭は，子どもの成長・発達にとって最も自然な環境であり，子どもが家庭において心身ともに健やかに育成されるよう，その保護者を支援することが重要であることから，その旨が明記され，さらに子どもを育成する責任の所在を明確にしている。「児童の保護者は…（中略）…第一義的責任を負う」とし，家庭での児童の養育の責任を家庭に求めている。

　一方，保護者による虐待など，家庭で適切な養育を受けられない場合，現状では児童養護施設等における養育が中心となっているが，家庭に近い環境での養育を推進するため，養子縁組や里親・ファミリーホームへの委託を一層進めることが重要である。このため，**家庭における養育環境と同様の養育環境**において，継続的に養育されることが原則である旨が法律に明記された。

　ただし，子どもを家庭において養育することが困難である，または適当でない場合，子どもが家庭における養育環境と同様の養育環境において継続的に養育されるよう，また，子どもを家庭および当該養育環境において養育することが適当でない場合は，子どもができる限り**良好な家庭的環境**において養育され

るよう，必要な措置を講ずることとしている（第３条の２）。

　家庭とは，実父母や親族等を養育者とする環境を指し，家庭における養育環境と同様の養育環境とは，養子縁組家庭，里親家庭，ファミリーホーム（小規模住居型児童養育事業）を指し，良好な家庭的環境とは，施設のうち，小規模で家庭に近い環境（小規模グループケアやグループホーム等）を指す。

第１節　国及び地方公共団体の責務

第３条の２　国及び地方公共団体は，児童が家庭において心身ともに健やかに養育されるよう，児童の保護者を支援しなければならない。ただし，児童及びその保護者の心身の状況，これらの者の置かれている環境その他の状況を勘案し，児童を家庭において養育することが困難であり又は適当でない場合にあつては児童が家庭における養育環境と同様の養育環境において継続的に養育されるよう，児童を家庭及び当該養育環境において養育することが適当でない場合にあつては児童をできる限り良好な家庭的環境において養育されるよう，必要な措置を講じなければならない。

第３条の３　市町村（特別区を含む。以下同じ。）は，児童が心身ともに健やかに育成されるよう，基礎的な地方公共団体として，第10条第１項各号に掲げる業務の実施，障害者通所給付費の支給，第24条第１項の規定による保育の実施その他この法律に基づく児童の身近な場所における児童の福祉に関する支援に係る業務を適切に行わなければならない。

②　都道府県は，市町村の行うこの法律に基づく児童の福祉に関する業務が適切かつ円滑に行われるよう，市町村に対する必要な助言及び適切な援助を行うとともに，児童が心身ともに健やかに育成されるよう，専門的な知識及び技術並びに各市町村の区域を超えた広域的な対応が必要な業務として，第11条第１項各号に掲げる業務の実施，小児慢性特定疾病医療費の支給，障害児入所給付費の支給，第27条第１項第３号の規定による委託又は入所の措置その他この法律に基づく児童の福祉に関する業務を適切に行わなければならない。

③　国は，市町村及び都道府県の行うこの法律に基づく児童の福祉に関する業務が適正かつ円滑に行われるよう，児童が適切に養育される体制の確保に関する施策，市町村及び都道府県に対する助言及び情報の提供その他の必要な各般の措置を講じなければならない。

　子どもの福祉を確保するためには，その担い手となる市町村，都道府県，国それぞれが自らの役割・責務を十分認識し，円滑かつ効果的にその事務を遂行する必要があるが，従来の「児童福祉法」では，その役割・責務はさまざまな規定に分散し，必ずしも明確でない。このため，法改正では，市町村，都道府県，国それぞれの役割・責務について，第3条の3で次のことを明確化した。

① 　市町村は，基礎的な地方公共団体として，子どもの身近な場所において子どもの福祉に関する支援等に係る業務を適切に行うこととする。例えば，施設入所等の措置をとるに至らなかったこどもへの在宅支援を中心となって行うなど，身近な場所で子どもや保護者を継続的に支援し，児童虐待の発生予防等を図る。

② 　都道府県は，市町村に対する必要な助言および適切な援助を行うとともに，専門的知識や技術，各市町村の区域を超えた広域的な対応が必要な業務として，子どもの福祉に関する業務を適切に行うこととする。例えば，一時保護や施設入所等，行政処分としての措置等を行う。

③ 　国は，市町村・都道府県の行う業務が適切かつ円滑に行われるよう，子どもが適切に養育される体制の確保に関する施策，助言および情報の提供等の必要な各般の措置を講ずることとする。例えば，市町村・都道府県における体制等について，あるべき水準を明確にし，これを達成するための方策を具体化するなどにより，子どもの福祉に関する質の高い支援が広く行き渡るようにする。

（2）「児童憲章」の理念

　「児童憲章」は，すべての子どもの幸福を図るために，子どもの基本的人権を社会全体が自覚・確認し，その実現に努力する目的で1959（昭和26）年5月5日の「こどもの日」に宣言された。法律ではないが，「日本国憲法」の精神を受けて正しい児童観を確立し，また，児童の福祉を図るために制定されたもので，3つの基本理念を前文に掲げ，12項目から構成されている。

われらは，日本国憲法の精神にしたがい，児童に対する正しい観念を確立し，すべての児童の幸福をはかるために，この憲章を定める。

児童は，人として尊ばれる

児童は，社会の一員として重んぜられる

児童は，よい環境のなかで育てられる

1　すべての児童は，心身ともに健やかにうまれ，育てられ，その生活を保障される。

2　すべての児童は，家庭で，正しい愛情と知識と技術をもって育てられ，家庭に恵まれない児童には，これにかわる環境が与えられる。

3　すべての児童は，適当な栄養と住居と被服が与えられ，また，疾病と災害からまもられる。

4　すべての児童は，個性と能力に応じて教育され，社会の一員としての責任を自主的に果たすように，みちびかれる。

5　すべての児童は，自然を愛し，科学と芸術を尊ぶように，みちびかれ，また，道徳的心情がつちかわれる。

6　すべての児童は，就学のみちを確保され，また，十分に整った教育の施設を用意される。

7　すべての児童は，職業指導を受ける機会が与えられる。

8　すべての児童は，その労働において，心身の発育が阻害されず，教育を受ける機会が失われず，また児童としての生活がさまたげられないように，十分に保護される。

9　すべての児童は，よい遊び場と文化財を用意され，わるい環境からまもられる。

10　すべての児童は，虐待，酷使，放任その他不当な取扱からまもられる。あやまちをおかした児童は，適切に保護指導される。

11　すべての児童は，身体が不自由な場合，または精神の機能が不充分な場合に，適切な治療と教育と保護が与えられる。

12　すべての児童は，愛とまことによって結ばれ，よい国民として人類の平和と文化に貢献するように，みちびかれる。

（3）「児童権利宣言」の理念

「児童権利宣言」は，1959（昭和34）年11月30日の国際連合第14回総会で採

択された宣言で，1924（大正13）年の国際連盟の「ジュネーブ（ジェネバ）宣言」や1948（昭和23）年の「**世界人権宣言**」をふまえたものである。

「世界人権宣言」は，すべての人はいかなる事由によっても差別を受けることなく，同宣言に掲げるすべての権利と自由とを享有すると宣言したもので，これを身体的・精神的に未熟・未発達の児童にも必要であるとして採択されたものが「児童権利宣言」である。その前文で，「人類は，児童に対し，最善のものを与える義務を負う」「児童が，幸福な生活を送り，かつ，自己と社会の福利のためこの宣言に掲げる権利と自由を享有することができるようにするため，この児童権利宣言を公布した」と述べられており，次の内容からなる全10条で構成されている。

---

① 子どもの権利の享有と無差別平等
② 身体的・知能的・道徳的・精神的および社会的に成長する機会と便益を法律その他の手段により保障すること
③ 出生時から姓名および国籍をもつ権利
④ 社会保障の恩恵を受ける権利，健康に発育し成長する権利，適当な栄養，住居，レクリエーションおよび医療を与えられる権利
⑤ 身体的・精神的又は社会的に障害のある子どもに必要な特別な治療，教育，および保護を与えること
⑥ いかなる場合においても，愛情と道徳的および物質的保障のある環境のもとでの育成と，家庭のない子どもおよび適当な生活維持の方法のない子どもに対して特別の養護を与える義務
⑦ 教育を受ける権利
⑧ 保護および救済の優先
⑨ 放任・虐待・搾取からの保護，人身売買の禁止，年少労働や有害労働の禁止
⑩ 人種的・宗教的その他の形態による差別を助長する慣行からの保護

（4）「児童の権利に関する条約（子どもの権利条約）」の理念

「**児童の権利に関する条約（子どもの権利条約）**」は，子どもの権利を包括的に実現するために，「児童権利宣言」の精神をふまえ，「児童権利宣言」30周年の1989（平成元）年11月20日の第44回国連総会で採択された。わが国では，1990（平成2）年に条約に署名し，1994（平成6）年に批准・発効している。

　条約とは，国家と国家の文書による契約のことで，憲法に定める手続きを経ることにより，国内法としての効力をもち，条約は法律に優先し，憲法に準ずる効力がある。

　世界には，日本のように恵まれた国もあれば，貧しくて生活をするのに困っている国もある。戦争があるために安心して暮らせない国もあるし，中には，15歳にも満たない子どもが兵隊として戦わなければならない国もある。

　現在世界には，飢餓に苦しむ18歳以下の子どもが3億5,000万人から4億人いるといわれ，1億5,000万人の子ども（開発途上国の子どもの4人に1人）が，発育不良の状態にある。また，毎年5歳以下の子ども1,000万人以上が，栄養不良を原因として，マラリア・肺炎・はしか・下痢などの，本来であれば命取りにならないような病気に罹り，命を落としている。アンゴラ・シエラレオネなどの国では，子どもの4人に1人が，5歳の誕生日を迎える前に亡くなっているが，その背景には飢餓や栄養失調があり，子どもの飢餓は，身体的・知的発達の遅れにつながる。

　世界の国々の中でも豊かといわれている日本でも，いじめや不登校，大人になりきれない保護者からの虐待など，子どもに関するいろいろな問題がある。

　そこで，世界中にいる子どもたちを守り，幸せに育っていけるようにしなければならないということから，たくさんの国が集まってある約束事を決めた。それが「児童の権利に関する条約」なのである。

　「児童の権利に関する条約」は，4つの柱からなっている。

○**生きる権利**
　子どもたちは健康に生まれ，安全な水や十分な栄養を得て，健やかに成長する権利をもっている。

○**守られる権利**
　子どもたちは，あらゆる種類の差別や虐待，搾取から守られなければならない。紛争下の子ども，障害をもつ子ども，少数民族の子どもなどは特別に守られる権利をもっている。

○**育つ権利**
　子どもたちは教育を受ける権利をもっている。また，休んだり遊んだりすること，さまざまな情報を得，自分の考えや信じることが守られることも，自分

らしく成長するためにとても重要である。

○**参加する権利**

　子どもたちは，自分に関係のある事柄について自由に意見を表したり，集まってグループをつくったり，活動することができる。その時には，家族や地域社会の一員としてルールを守って行動する義務がある。

　「児童の権利に関する条約」を概観すると，子どもの意見表明権，親に養育される権利，表現・思想・宗教・結社・集会の自由，プライバシーと名誉の保護，児童虐待からの保護，あらゆる形態の搾取からの保護などを保障するものであり，前文と3部54条で構成されている。

　その主な内容は第2条：差別の禁止，第3条：子どもの最善の利益，第6条：生きる権利・育つ権利，第9条：親と引き離されない権利，第12条：意見を表す権利，第13条：表現・情報の自由，第14条：思想・良心・宗教の自由，第18条：子どもの養育はまず親の責任，第19条：親による虐待・放任・搾取からの保護，第20条：家庭環境を奪われた子どもの保護，第21条：養子縁組，第22条：難民の子どもの保護・援助など，第24条：健康・医療への権利，第28条：教育を受ける権利，第31条：休息，余暇，遊び，文化的・芸術的生活への参加，第34条：性的搾取からの保護，第37条：ごうもん・死刑の禁止などである。

（5）家庭・地域社会における児童の人権擁護

1）児童の最善の利益を保障する公的責任

　児童の最善の利益の保障は公的責任によって行われることが必要である。そして，児童の最善の利益の保障では，児童を権利行使の主体としてとらえ，児童の意見や自己決定を尊重することであるが，しかし，わが国では，このような児童観が浸透しているとは言い難く，「児童の権利に関する条約」批准後の国連への報告において，多くの事項に対して「懸念表明」と「改善勧告」という評価を受けている。

　その内容は，法の整備から教育システム，子育て状況など幅広い分野に及んでいる。

　2019年 3 月 5 日，子どもの権利条約 NGO レポート連絡会議子どもの権利委員会は，日本の第 4 回・第 5 回統合定期報告書に関する総括所見（日本語訳：子どもの権利条約 NGO レポート連絡会議，委員会は，2019年 1 月16日および17日に開かれた第2346回および第2347回会合）において日本の第 4 回・第 5 回統合定期報告書（CRC/C/JPN/45）を検討し，2019年 2 月 1 日に開かれた第2370 回会合においてこの総括所見を採択した。

　これらによれば日本での改善は，①差別の禁止，②子どもの最善の利益，③生命，生存および発達に対する権利，④子どもの意見の尊重，⑤出生登録および国籍，⑥虐待，ネグレクトおよび性的搾取，⑦体罰，⑧家庭環境，⑨家庭環境を奪われた子ども，⑩養子縁組，⑪不法な移送および不返還，⑫障害のある子ども，⑬健康および保健サービス，⑭リプロダクティブヘルスおよび精神保健，⑮環境保健，⑯気候変動が子どもの権利に及ぼす影響，⑰生活水準，⑱教育（職業訓練および職業指導を含む），⑲乳幼児期の発達，⑳休息，余暇，レクリエーションならびに文化的および芸術的活動，㉑売買，取引および誘拐，㉒少年司法の運営，㉓子どもの売買，児童買春および児童ポルノに関する選択議定書の実施についての委員会の前回の総括所見および勧告のフォローアップ，㉔武力紛争への子どもの関与に関する選択議定書の実施についての委員会の前回の総括所見および勧告のフォローアップ等，多岐にわたっている。

2）アドボカシーとオンブズパーソン

　アドボカシーとは，自分の意思を表明することが難しい子どもや認知症の高齢者などに代わり，その意思を代弁し，権利やニーズを表明することで，アドボカシーには 2 つの意味がある。 1 つは，困難な状況にある人々がその困難を解消できるよう弁護者，代弁者となることであり，もう 1 つは，援助が必要な人にエンパワメント（個人や集団が自らの力で問題を解決する力を身につけること）をつけさせ，自ら声をあげ行動を起こすことができるようにすることである。

　子どもの福祉にかかわる者は，同時に子どものアドボカシーを行う者であるといえるが実際には，子どもの福祉にかかわる職務にある者のアドボカシーが万全であるとはいえないのが現状である。

　そこで，アドボカシーの外部システムとして，オンブズパーソンの制度がある。

オンブズパーソンとは代理人を意味し，子どもや障害のある人などの権利擁護に尽力する活動者のことで，オンブズパーソンとなるのは公的組織外の市民であり，公的機関や福祉施設などの不適切な行為，不服や苦情の原因となっているサービスなどに対して介入する。

オンブズパーソンとはスウェーデンを起源とする語で，もともと「オンブズマン」であったが，マン（man）が男性を示す言葉から，オンブズパーソンという名称が使用されるようになった。

3）子どもの人権を守る社会連帯

子どもの人権は，子どもを取り巻くすべての機関や人々によって守られなければならない。一般的には，第一義的に子どもの保護者（**自助**＝自分の力で行う問題解決行動）によってそれは遂行され，公的責任（**公助**＝行政によって提供される援助）において子どもの人権が保障されるのも当然のことである。しかし現実には，母親だけに子育ての負担が大きくのしかかりがちで，そのことによって多くの問題を抱えている現代において，子どもとかかわるすべての大人，あるいは地域社会が子どもの人権，生活を保障する役割を担う（**共助**＝地域などのコミュニテイが行う援助や支え合い）ことが必要不可欠になってきている。

2010（平成22）年1月29日に閣議決定された「子ども・子育てビジョン」には，基本的な考え方として一番目に「社会全体で子育てを支える」と示され，地域のネットワークで子どもと子育て家庭を支えるとしている。

3──子どもの福祉の本質

子どもの福祉の理念は，子どもが心身ともに健やかに生まれ育てられ，日々生活が保障されることである。言い換えれば，子どもが成長・発達を遂げ成人になるまで，一人の人間として有する諸権利（基本的人権）が保障されることである。この理念の中にこそ，子どもの福祉の本質を見いだすことができる。

子どもとは，単に成人の小型でもなければ，国家・家・成人の従属物（所有物）でもない。したがって，子どもを劣弱者としてとらえてはならない。当然のことながら子どもは，人としての尊厳性を有し，かけがえのない存在であ

る。そして，日々成長・発達をしていく存在であり，それぞれ個性を有し，また種々の可能性を秘めた望み多き存在でもある。

このような期待されるべき子どもには，健やかに生まれ，成長・発達がその段階にふさわしい成人からの働きかけ（援助）によって順調になされ，その心身の発達過程の中で自己実現が図られなければならない。

自己実現とは，人間の可能性や内面的な願いを実現すること，病気や障害があっても，残された能力を開発・発達させ，独自の能力を生かして可能な限り**人生の質**（QOL）を高めることで人間らしい生活をすることである。

子どもの福祉の理念は，子どもの自己実現，さらには福祉実現遂行の支援のために成人たちが努力することである。したがって，親（保護者）・保育者（教師）・地域の人々などの成人たちが子どもの権利を尊重し，擁護する責任を負い，国・地方自治体の責任において子どもの権利を具体化していくこと，つまり子どもは**権利の主体者**であることを認識し，社会全体で子どもの諸権利—生命権・自由権・平等権・発達権・健康権・環境権・学習権・生存生活権等々—を保障していくことこそ，子どもの福祉の本質であるといえる。

●演習コーナー●

・児童の権利に関する条約（子どもの権利条約）の全文を読み，子どもの権利擁護と高校生までの生活で，たとえば校則などを考えてみよう。

・子どもたちが社会の中でどのように護られているかを考えてみよう。

・子どもの成長・発達に影響を与えている文化（テレビ・雑誌など）について考えてみよう。

参考文献

・保育小六法 平成31年版，ミネルヴァ書房，2019

・森上史朗・柏女霊峰編：保育用語辞典第8版，ミネルヴァ書房，2015

・松本峰雄編著：三訂子どもの福祉，建帛社，2017

・喜多明人共編著：ぼくらの権利条約，エイデル研究所，1996

第2章

子ども家庭福祉の概況

1──現代社会と子ども家庭福祉

（1）合計特殊出生率の推移と少子化の進行

　社会全体における少子化の進行をみる上で用いられる代表的な指標としては，その年に生まれた子どもの数である出生数と，**合計特殊出生率**がある。合計特殊出生率は，15歳から49歳までの女性の年齢別出産率の合計を指し，1人の女性が生涯に産む平均の子どもの数に相当している。**人口置換水準**（次世代の人口が過不足なく置き換わるために必要な出生率の水準で，2.08程度といわれる）を下回ると人口の再生産ができず，やがては人口の減少が始まる。

　戦後日本における合計特殊出生率の推移をみると，1947（昭和22）年から1949（昭和24）年の第1次ベビーブーム期以降は，国家的に人口増加の抑制のための施策がとられたことから低下傾向が続き，1971（昭和46）年から1974（昭和49）年までの第2次ベビーブーム期以降においても恒常的に人口置換水準を下回る状態となり，現在に至っている。中でも1990（平成2）年の「**1.57ショック**（前年の1989（平成元）年の合計特殊出生率が1.57と，ひのえうまという特殊要因により過去最低であった1966（昭和41）年の合計特殊出生率1.58を下回ったことが判明したときの衝撃のこと）」は，政府に対し，国として少子化社会への対応を重要な政策課題として位置づけて取り組んでいくことの必要性を迫った出来事といえよう。

　一方の出生数の推移をみると，1949（昭和24）年の約269.6万人をピークに1957（昭和32）年には約156.6万人にまで減少した後は，第2次ベビーブーム期の1973（昭和48）年には約209.2万人と一旦増加傾向を示したが，その後は現在に至るまで長期的な減少傾向が続き，2018（平成30）年の出生数は91万8,400人となり，2019（平成31・令和元）年には90万人を割っているという推

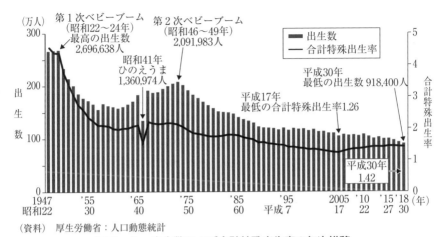

（資料）厚生労働省：人口動態統計

図2－1　出生数および合計特殊出生率の年次推移

計が出されている。

（2）高齢化の進行と年少人口比率の低下

　少子化と並んで，現代社会の人口問題となっているのは高齢化である。わが国の**高齢化率**（総人口における65歳以上の人口（老年人口）が占める割合，老年人口比率とも呼ばれる）の推移をみると，1970（昭和45）年に7％を超えた（いわゆる高齢化社会への突入）後も上昇を続け，1994（平成6）年には14％を突破し（いわゆる高齢社会への突入），2018（平成30）年には28.1％を記録している。この「4人に1人は高齢者」という時代にあって，年少人口（総人口における15歳未満の人口）の比率は同年で12.2％と過去最低を記録しており，今後も一層の高齢化が進行することが予想されている。

（3）非婚化，晩婚化および晩産化

　日本では，子どもの出生のほとんどが婚姻関係にある男女から生じていることから，非婚化，晩婚化および晩産化は，出生率の低下に直結する問題であるとも解釈できよう。

　まず，**婚姻件数**の推移だが，第1次ベビーブーム世代が結婚適齢期を迎えた

1970年代前半には年100万組を突破していたが，若者人口の減少とともにその後は減少傾向となり，1978（昭和53）年には80万組を割り込んだ。その後，1990年代には第２次ベビーブーム世代の結婚の影響もあってやや持ち直したものの，長期的には減少傾向にあり，2018（平成30）年においては60万組を切るまで落ち込んでいる。また婚姻率（人口1,000人あたりの婚姻件数）は，1970年代前半と比べるとほぼ半減し，50歳時点での未婚率である生涯未婚率も，2015（平成27）年の時点で男性の23.4％，女性の14.1％にまで達している。

　次に，**晩婚化**についてのデータを見ると，平均初婚年齢について，1980（昭和55）年において男性が27.8歳，女性が25.2歳であったものが，2018（平成30）年においては，男性が31.1歳，女性が29.4歳と，男女ともに４歳前後遅くなっている。そしてこれに伴い，女性の平均初産年齢も，1980（昭和55）年においては26.4歳であったものが，2018（平成30）年において30.7歳となっている。

2──次世代育成支援と子ども家庭福祉

（1）1.57ショックとエンゼルプラン

　前節で述べた「1.57ショック」を契機に政府は少子化に対する問題意識を強め，本格的な対策に乗り出すようになり，その第一歩として，1994（平成６）年12月に，文部，厚生，労働，建設の４大臣合意により「今後の子育て支援のための施策の基本的方向について（通称：エンゼルプラン）」が策定された。このエンゼルプランでは，今後10年間に取り組むべき基本的な方向と重点施策が定められている。

（2）新エンゼルプランと次世代育成支援対策の推進

　しかし，エンゼルプラン策定後も少子化に歯止めがかからず，新たな対策が求められたことから，1999（平成11）年12月には少子化対策推進関係閣僚会議により「少子化対策推進基本方針」が決定され，この方針に基づく重点施策の具体的な実施計画として「重点的に推進すべき少子化対策の具体的実施計画について（通称：新エンゼルプラン）」が策定された。この新エンゼルプラン

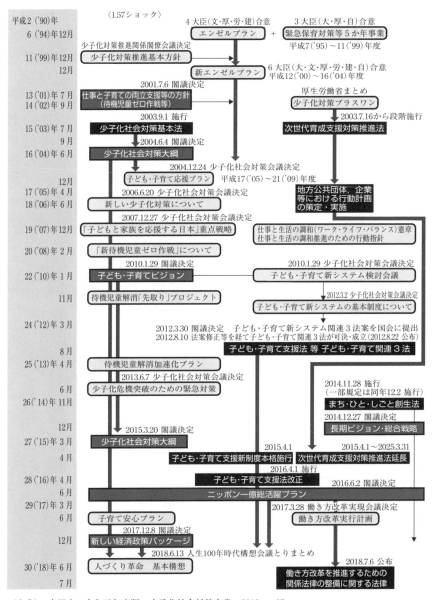

<1.57ショック>

平成2('90)年	
6('94)年12月	4大臣(文・厚・労・建)合意 エンゼルプラン + 3大臣(大・厚・自)合意 緊急保育対策等5か年事業 平成7('95)～11('99)年度
11('99)年12月	少子化対策推進関係閣僚会議決定 少子化対策推進基本方針
12月	新エンゼルプラン 6大臣(大・文・厚・労・建・自)合意 平成12('00)～16('04)年度
13('01)年7月 14('02)年9月	2001.7.6 閣議決定 仕事と子育ての両立支援等の方針 (待機児童ゼロ作戦等) 厚生労働省まとめ 少子化対策プラスワン
15('03)年7月	少子化社会対策基本法 2003.9.1 施行 2003.7.16から段階施行 次世代育成支援対策推進法
9月	2004.6.4 閣議決定
16('04)年6月	少子化社会対策大綱
12月	2004.12.24 少子化社会対策会議決定 子ども・子育て応援プラン 平成17('05)～21('09)年度
17('05)年4月	地方公共団体,企業等における行動計画の策定・実施
18('06)年6月	2006.6.20 少子化社会対策会議決定 新しい少子化対策について
19('07)年12月	2007.12.27 少子化社会対策会議決定 「子どもと家族を応援する日本」重点戦略 仕事と生活の調和(ワーク・ライフ・バランス)憲章 仕事と生活の調和推進のための行動指針
20('08)年2月	「新待機児童ゼロ作戦」について
22('10)年1月	2010.1.29 閣議決定 子ども・子育てビジョン 2010.1.29 少子化社会対策会議決定 子ども・子育て新システム検討会議
11月	待機児童解消「先取り」プロジェクト 2012.3.2 少子化社会対策会議決定 子ども・子育て新システムの基本制度について
24('12)年3月	2012.3.30 閣議決定 子ども・子育て新システム関連3法案を国会に提出 2012.8.10 法案修正等を経て子ども・子育て関連3法が可決・成立(2012.8.22 公布)
8月	子ども・子育て支援法 等 子ども・子育て関連3法
25('13)年4月	待機児童解消加速化プラン
6月	2013.6.7 少子化社会対策会議決定 少子化危機突破のための緊急対策
26('14)年11月	2014.11.28 施行 (一部規定は同年12.2 施行) まち・ひと・しごと創生法
12月	2015.3.20 閣議決定 2014.12.27 閣議決定 長期ビジョン・総合戦略
27('15)年3月	少子化社会対策大綱
4月	2015.4.1 子ども・子育て支援新制度本格施行 2015.4.1～2025.3.31 次世代育成支援対策推進法延長
28('16)年4月	2016.4.1 施行 子ども・子育て支援法改正
6月	ニッポン一億総活躍プラン 2016.6.2 閣議決定
29('17)年3月	子育て安心プラン 2017.3.28 働き方改革実現会議決定 働き方改革実行計画
12月	2017.12.8 閣議決定 新しい経済政策パッケージ
30('18)年6月	2018.6.13 人生100年時代構想会議とりまとめ 人づくり革命 基本構想 2018.7.6 公布 働き方改革を推進するための関係法律の整備に関する法律
7月	

(出典) 内閣府：令和元年度版 少子化社会対策白書, 2019, p.65

図2—2 子育て支援対策の推移

は，従来のエンゼルプランと緊急保育対策等5か年事業を見直したものであり，2000（平成12）年度を初年度とした2004（平成16）年度までの計画であった。大きな特徴としては，保育サービス関係ばかりではなく，雇用，母子保健，相談，教育など幅広い分野を網羅していることがあげられる。

　また2003（平成15）年には，家庭と地域の子育て力の低下に対応し，次世代を担う子どもを育成する家庭を社会全体で支援する観点から，地方公共団体および企業における10年間の集中的・計画的な取り組みを促進するために「**次世代育成支援対策推進法**」が制定された。同法のねらいは，地方公共団体および民間の事業主が，次世代育成支援の取り組みを促進するために，それぞれ行動計画を策定・実施するところにあった。制定時は2015（平成27）年度末までの時限立法であったが，2014（平成26）年に行われた法改正により，その期間が10年間延長され，2025（令和7）年度末までとなっている。

○次代の社会を担う子どもが健やかに生まれ，かつ，育成される社会の形成に資するため次世代育成支援対策を迅速かつ重点的に推進
○地方公共団体および事業主に対し，次世代育成支援のための行動計画の策定を義務づけ，10年間の集中的・計画的な取り組みを推進

10年間の延長

行動計画策定指針
○国において地方公共団体および事業主が行動計画を策定する際の指針を策定。
　（例）一般事業主行動計画：計画に盛り込む内容として，育児休業や短時間勤務に関する取り組み，所定外労働の削減や年次有給休暇の取得に関する取り組みを記載

指針の内容を充実・強化

地方公共団体行動計画の策定
①市町村行動計画
②都道府県行動計画
　→地域住民の意見の反映，労使の参画，計画の内容・実施状況の公表，定期的な評価・見直し等

事業主行動計画の策定・届出
①一般事業主行動計画（企業等）
　大企業（301人以上）：義務
　中小企業（101人以上）：義務（23年4月～）
　中小企業（100人以下）：努力義務
　→一定の基準を満たした企業を認定
　　（平成26年11月末現在 2,011社）
②特定事業主行動計画（国・地方公共団体等）

現行の認定制度の充実

新たな認定（特例認定）制度の創設
計画の策定・届出に代えた実績公表の枠組みの追加

施策・取り組みへの協力等　　策定支援等

次世代育成支援対策地域協議会
都道府県，市町村，事業主，労働者，社会福祉・教育関係者等が組織

次世代育成支援対策推進センター
事業主団体等による情報提供，相談等の実施

※ ◯：今回の改正法による改正内容，◌◌◌：今回の省令および指針の見直しによる改正内容

（出典）厚生労働統計協会編：国民の福祉と介護の動向2015／2016，p.85

図2－3　次世代育成支援対策推進法の概要と平成26年改正のポイント

（3）少子化社会対策大綱と子ども・子育て応援プラン

　2003（平成15）年７月には「**少子化社会対策基本法**」が議員立法によって制定され，同法に基づき設置された少子化社会対策会議を経て，2004（平成16）年６月には「**少子化社会対策大綱**」が閣議決定されている。この大綱では，子どもが健康に育つ社会，子どもを産み育てることに喜びが感じられる社会への転換を早急の課題とし，少子化を押し止めるための施策に集中的に取り組むこととされた。そして各家庭が安心と喜びをもって子育てできるよう，社会全体で応援するとの基本的な考えに立ち，少子化の流れを変えるための施策を，国をあげて取り組むべき極めて重要なものと位置づけ，「３つの視点」と「４つの重点課題」および「28の具体的行動」をあげている。

　2004（平成16）年12月には，大綱に盛り込まれた施策の推進を図るため，「少子化社会対策大綱に基づく具体的実施計画について（通称：**子ども・子育て応援プラン**）」を少子化社会対策会議において決定し，2005（平成17）年度から2009（平成21）年度までの５年間に，地方公共団体や企業等とともに，国が計画的に取り組む必要がある具体的な施策の内容と目標が定められた。

○少子化社会対策大綱（平成16年６月４日閣議決定）の掲げる４つの重点課題に沿って，平成21年度までの５年間に講ずる具体的な施策内容と目標を提示
○「子どもが健康に育つ社会」「子どもを生み，育てることに喜びを感じることのできる社会」への転換がどのように進んでいるのかが分かるよう，概ね10年後を展望した「目指すべき社会の姿」を掲げ，それに向けて，内容や効果を評価しながら，５年間に施策を重点的に実施

重点課題と目標など

４つの重点課題	平成21年度までの５年間に講ずる施策と目標（例）	目指すべき社会の姿（例）
若者の自立とたくましい子どもの育ち	若年者試用（トライアル）雇用の積極的活用など	若者が意欲を持って就業し経済的にも自立［若年失業者等の増加傾向を転換］など
仕事と家庭の両立支援と働き方の見直し	企業の行動計画の策定・実施の支援と好事例の普及など	希望する者すべてが安心して育児休業等を取得［育児休業取得率男性10%，女性80%］など
生命の大切さ，家庭の役割等についての理解	保育所，児童館，保健センター等において中・高校生が乳幼児とふれあう機会を提供など	多くの若者が子育てに肯定的な（「子どもはかわいい」，「子育てで自分も成長」）イメージを持てるなど
子育ての新たな支え合いと連帯	地域の子育て支援の拠点づくり（市町村の行動計画目標の実現）など	全国どこでも保育サービスが利用できる［待機児童が50人以上いる市町村をなくす］など

（出典）厚生労働省編：平成27年版厚生労働白書，2015，p.57

図２―４　子ども・子育て応援プランの概要

（4）ワーク・ライフ・バランスの実現と子ども・子育てビジョン

　就労と出産・子育ての二者択一構造を解決するためには，働き方の見直しによる「仕事と生活の調和」の実現とともに，親の就労と子どもの育成双方の両立と，家庭での子育てを包括的に支援する仕組みをつくる必要があるという考えから，2007（平成19）年12月には「仕事と生活の調和（ワーク・ライフ・バランス）憲章」および「仕事と生活の調和推進のための行動指針」が決定された。なお2010（平成22）年６月には，新たな視点や取り組みを盛り込んだ内容に改定がなされ，現在その取り組みの推進が図られている。

　また同年１月には，「少子化社会対策基本法」に基づく二度目となる新たな大綱として「子ども・子育てビジョン」が閣議決定された。このビジョンでは，子ども・子育て支援施策を行っていく際の姿勢として，「１　生命（いのち）と育ちを大切にする」，「２　困っている声に応える」，「３　生活（くらし）を支える」の３つが示され，これらをふまえ「目指すべき社会への政策４本柱」と「12の主要施策」に従って，具体的な取り組みを進めることとされた。

子どもと子育てを応援する社会	家族や親が子育てを担う（個人的に過重な負担）　➡　社会全体で子育てを支える（個人の希望の実現）●子どもが主人公（チルドレン・ファースト）●「少子化対策」から「子ども・子育て支援」へ●生活と仕事と子育ての調和	
基本的考え方	1. 社会全体で子育てを支える○子どもを大切にする○ライフサイクル全体を通じて社会的に支える○地域のネットワークで支える	2. 「希望」がかなえられる○生活，仕事，子育てを総合的に支える○格差や貧困を解消する○持続可能で活力ある経済社会が実現する
3つの大切な姿勢	生命と育ちを大切にする　困っている声に応える　　生活を支える	

目指すべき社会への政策４本柱と12の主要施策

1. 子どもの育ちを支え，若者が安心して成長できる社会へ(1) 子どもを社会全体で支えるとともに，教育機会の確定を(2) 意欲を持って就業と自立に向かえるように(3) 社会生活に必要なことを学ぶ機会を	3. 多様なネットワークで子育て力のある地域社会へ(9) 子育て支援の拠点やネットワークの充実が図られるように(10)子どもが住まいやまちの中で安全・安心にくらせるように
2. 妊娠，出産，子育ての希望が実現できる社会へ(4) 安心して妊娠・出産できるように(5) 誰もが希望する幼児教育と保育サービスを受けられるように(6) 子どもの健康と安全を守り，安心して医療にかかれるように(7) ひとり親家庭の子どもが困らないように(8) 特に支援が必要な子どもが健やかに育つように	4. 男性も女性も仕事と生活が調和する社会へ　（ワーク・ライフ・バランスの実現）(11)働き方の見直しを(12)仕事と家庭が両立できる職場環境の実現を

（出典）厚生労働省編：平成27年版厚生労働白書，2015，p.59

図２―５　子ども・子育てビジョンの概要

　加えて，都市部を中心に深刻な問題となっている保育所の待機児童の解消を図るため，同ビジョンでは潜在的な保育需要を含めた数値目標が設定され，さらに2013（平成25）年４月，新たに「**待機児童解消加速化プラン**」が策定されるなど，後述する「子ども・子育て支援新制度」の施行を待たずに，待機児童解消に意欲的に取り組む地方自治体を国が全面的に支援することとなった。

（5）子ども・子育て支援新制度のスタート

　2012（平成24）年８月には，「子ども・子育て支援法」，改正「認定こども園法」およびそれらの整備法からなる，いわゆる「**子ども・子育て関連３法**」が成立し，2015（平成27）年度から「**子ども・子育て支援新制度**」として本格的に施行されている。この新制度の特徴としては，新たに「**施設型給付**」を創設し，これまで認定こども園，幼稚園，保育所ごとに分かれていた財政支援の方法を一本化したことや，従来市町村が実施してきたさまざまな子育て支援事業を「地域子ども・子育て支援事業」として法律上明確に位置づけ，財政支援を強化し，その拡充を図ることなどがあげられる。

表２−１　子ども・子育て新制度の主なポイント

1．認定こども園，幼稚園，保育所を通じた共通の給付である「施設型給付」および小規模保育，家庭的保育等への給付である「地域型保育給付」の創設
・認定こども園，幼稚園，保育所に共通である「施設型給付」を創設し，財政支援を一本化。 ・「地域型保育給付」を創設し，６人以上19人以下の子どもを預かる「小規模保育」，５人以下の子どもを預かる「家庭的保育（保育ママ）」や子どもの居宅において保育を行う「居宅訪問型保育」，従業員の子どものほか地域の子どもを保育する「事業所内保育」の４つの事業について財政支援を行う。
2．認定こども園制度の改善
・「幼保連携型認定こども園」を，学校及び児童福祉施設の両方の法的位置づけをもつ単一の認可施設とし，認可や指導監督等を一本化することなどにより，二重行政の問題などを解消し，その設置の促進を図る。
3．地域の子ども・子育て支援の充実
・全ての子育て家庭を対象に，地域のニーズに応じた多様な子育て支援を充実させるため，市町村は事業計画を策定し，その計画に基づき，保護者が地域の教育・保育，子育て支援事業等を円滑に利用できるよう情報提供・助言等を行う利用者支援や，子育ての相談や親子同士の交流ができる地域子育て支援拠点，一時預かり，放課後児童クラブなど，市町村が行う事業を「地域子ども・子育て支援事業」として法律上に位置づけ，財政支援を強化して，その拡充を図る。

（出典）　内閣府：平成25年版少子化社会対策白書，2013，p.33

3──社会的養護の概況

（1）現代の子どもの養護問題

　戦後のわが国においては，戦災孤児などのいわゆる要保護児童に対する社会的な養護の実施が喫緊の課題であったが，現代社会においては，年々増加の一途をたどっている虐待を受けた子どもたちに対する養護や，障害などを理由に特別な支援を要する子どもたちに対する養護がその中心となってきている。特に児童養護施設や児童心理治療施設，児童自立支援施設においては，入所している子どもの多くが被虐待児であることも珍しくない。

（2）近年の動向

　2017（平成29）年8月，厚生労働大臣から諮問を受けた検討会による「新しい社会的養育ビジョン」が公表された。2016（平成28）年の「児童福祉法」改正を受け，社会的養護施策を進めるための方向性が記されている。

　「児童福祉法」第3条の2に記された「家庭と同様の環境における養育の推進」では，国および地方自治体が家庭の養育支援を行う責務を明記し，家庭における養育が適当でない場合には，「家庭における養育環境と同様の養育環境」において継続的に養育されることとされている。「家庭における養育環境と同様の養育環境」とは，**養子縁組**による家庭での養育や里親等における養育を指す（図2−6）。ただし，それが適当でない場合には「できる限り良好な家庭的環境」を提供するとし，家庭的な設備や人的配置による施設養護を提供することとしている。このように，家庭から離れて暮らす子どもたちの養育環境は家庭がふさわしいという「児童の権利に関する条約」の理念を具現化したものといえる。日本の社会的養護は施設養護に偏重しており，子どもの権利擁護の観点から問題があるとの国連からの勧告に対する取り組みの1つととらえることができる。

　ほかにも「里親への包括的支援体制（フォスタリング機関）の抜本的強化と里親制度改革」，「永続的解決（パーマネンシー保障）としての特別養子縁組の推進」，「乳幼児の家庭養育原則の徹底と，年限を明確にした取組目標」などが

課題	○児童が心身ともに健やかに養育されるよう、より家庭に近い環境での養育の推進を図ることが必要。 ○しかしながら、社会的養護を必要とする児童の約9割が施設に入所しているのが現状。 ○このため、児童相談所が要保護児童の養育環境を決定する際の考え方を法律において明確化することが必要。

改正法による対応

○国・地方公共団体（都道府県・市町村）の責務として家庭と同様の環境における養育の推進等を明記。
①まずは、児童が家庭において健やかに養育されるよう、保護者を支援。
②家庭における養育が適当でない場合、児童を <u>家庭における養育環境と同様の養育環境</u> において継続的に養育されるよう、必要な措置。
③②の措置が適当でない場合、児童が 「できる限り良好な家庭的環境」 で養育されるよう、必要な措置。
※ 特に就学前の児童については、②の措置を原則とすること等を通知において明確化。

施設	良好な家庭的環境 施設（小規模型）	家庭と同様の養育環境 養子縁組（特別養子縁組を含む。）／里親		家庭
児童養護施設 大舎（20人以上） 中舎（13～19人） 小舎（12人以下） 1歳～18歳未満 （必要な場合0歳～20歳未満）	**地域小規模児童養護施設** **（グループホーム）** 本体施設の支援の下で地域の民間住宅などを活用して家庭的養護を行う	**小規模住居型児童養育事業** **（ファミリーホーム）** ・養育者の住居で養育を行う家庭養護 ・定員5～6人	**里親** ・家庭における養育を里親に委託する家庭養護 ・児童4人まで	**実親による養育**
乳児院 乳児（0歳） 必要な場合幼児（小学校就学前）	**小規模グループケア（分園型）** ・地域において、小規模なグループで家庭的養護を行う ・1グループ6～8人（乳児院は4～6人）			

里親等 ＝ 養護＋乳児＋里親＋里親・ファミリーホーム
委託率 ＝ ─────────────────────────── 　平成30年3月末　19.7%

図2－6 家庭と同様の環境における養育の推進

（出典）厚生労働省：社会的養護の推進に向けて（平成31年4月）. 2019. p.12

示されている。

4──母子保健

（1）母子保健とは

　母子保健は，妊娠・出産・育児という一連の母性および父性ならびに乳幼児を中心とする子どもを対象とし，思春期から妊娠・出産を通して母性・父性が育まれ，児童が心身ともに健やかに育つことを目指す一連の営為である。わが国においては，1965（昭和40）年に制定された「母子保健法」に基づき，母子保健の向上に関するさまざまな措置が行われている。

（2）母子保健の向上に関する措置

1）母子保健に関する知識の普及

　妊産婦および乳幼児の保護者に対して，正しい妊娠と出産を促し，妊娠，出産，育児等に伴いがちな母子の心身の異常の発生を極力減少させるため，受胎調整や母子栄養，妊産婦・乳幼児の保健，その疾病予防，日常生活習慣等について正しい知識の普及を図ることを目的としている。

2）保健指導

　妊産婦もしくはその配偶者または乳幼児の保護者に対して，妊娠，出産，育児に関する必要な保健指導を行うことにより，妊娠高血圧症候群や未熟児出生等の減少を図ることを目的としている。

3）新生児訪問指導

　育児上最も注意を要する時期である新生児期に，育児上必要があると認めたときは，医師，保健師，助産師等による訪問指導を行うことにより，種々の疾病や事故を予防することを目的としている。

4）健康診査

　心身の発達面から重要である幼児期において，医師，歯科医師，心理判定員などによる総合的な健康診査を実施し，その結果に基づいて適切な指導および措置を行う。1歳6か月児健康診査および3歳児健康診査の2種類がある。

5）妊産婦，乳幼児健康診査

妊産婦および乳幼児の身体の異常の有無を早期に発見し，必要に応じて適切な指導を行うことにより，疾病等の予防を図ることを目的としている。なお，このうち，妊婦健康診査は，子ども・子育て支援法の地域子ども・子育て支援事業の1つに位置づけられたことに伴い，厚生労働大臣は，妊婦健康診査についての望ましい基準を定めることとされた。

6）栄養の摂取に関する援助

妊産婦および乳幼児の保健のためには，常に十分な栄養を摂取することが極めて重要であることに鑑み，必要な栄養食品の支給を行っている。

7）妊娠の届出および母子健康手帳の交付

母子保健の施策を効果的に進めるためには，妊娠している者を的確に把握することが重要であることから，妊娠の届出を早期に市町村長に行うようにすべきことを規定したものであり，この届出に基づき母子健康手帳が交付される。

母子健康手帳は，妊娠，出産，育児に関する一貫した記録帳であるとともに，予防接種済証に代えられるものであり，極めて大切なものである。

8）妊産婦の訪問指導および医療の援護

健康診査の結果に基づき，必要に応じて訪問指導を行い，また出産に重大な支障を及ぼす疾病にかかっている疑いのあるものについて医師の診察を受けるよう勧奨するものである。

9）低体重児の届出，未熟児の訪問指導および養育医療の給付

体重2,500g未満の低体重児について保護者に届出の義務を課すとともに，必要に応じて未熟児の訪問指導を行うこととされている。未熟児は新生児に比べて疾病にもかかりやすく，その死亡率は極めて高いので，出生後速やかに適切な処置をとる必要がある。このため，病院等における養育を必要とする未熟児に対し，その養育に必要な医療の給付を行っている。

10）医療施設の整備

国および地方公共団体は，妊産婦，乳幼児の心身の特性に応じた高度の医療が適切に提供されるよう，必要な医療施設の整備に努めることとされている。

11）母子健康包括支援センター

母子健康包括支援センター（子育て世代包括支援センター）は，地域の特性

に応じた妊娠期から子育て期にわたる切れ目のない支援を提供する体制を構築することを目的に，2016（平成28）年の「母子保健法」改正により設立された。妊産婦および乳幼児の実情の把握や，妊娠・出産・子育てに関する各種の相談に応ずること，支援プランの策定，地域の保健医療や福祉機関等との連絡調整を行い，母子保健施策と子育て支援施策との一体的な提供を行う。設置は市町村の努力義務となっている。

（3）「健やか親子21」の概要

　「健やか親子21」は，21世紀の母子保健の主要な取り組みを提示するビジョンであり，かつ関係者，関係機関・団体が一体となって推進する国民運動計画である。その意義は，安心して子どもを産み，ゆとりを持って健やかに育てるための家庭や地域の環境づくりという少子化対策である点と，少子高齢社会において国民が健康で元気に生活できる社会の実現を図るための国民健康づくり運動である「健康日本21」の一翼を担うという点にある。計画の対象期間は，当初は2001（平成13）年から2010（平成22）年までの10年間としていたが，2009（平成21）年に計画期間の検討を行い，2014（平成26）年まで延長された

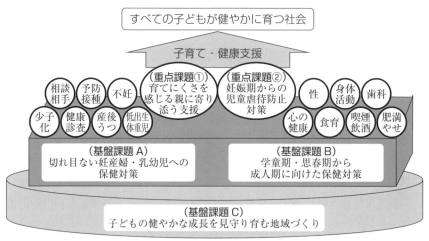

（出典）厚生労働統計協会：国民衛生の動向2015／2016，p.113

図2―7　「健やか親子21（第2次）」のイメージ図

経緯がある。

　具体的な内容としては，基本的視点として，①20世紀中に達成した母子保健の水準を低下させないために努力，②20世紀中に達成しきれなかった課題を早期に克服，③20世紀終盤に顕在化し21世紀にさらに深刻化することが予想される新たな課題に対応，④新たな価値尺度や国際的な動向をふまえた斬新な発想や手法により取り組むべき課題を探求，という４つの基本的視点に基づき，①思春期の保健対策の強化と健康教育の推進，②妊娠・出産に関する安全性と快適さの確保と不妊への支援，③小児保健医療水準を維持・向上させるための環境整備，④子どもの心の安らかな発達の促進と育児不安の軽減，という４つの課題を設定し，これらの取り組むというものであった。

　なお，2015（平成27）年度からは「健やか親子21（第２次）」がスタートしている（図２−７）。

5——子どもの健全育成

（1）子どもの健全育成とは

　「児童福祉法」の第２条では，子どもの健全育成は国民全体の努力義務であることが，また同条第３項では，保護者，国および地方公共団体は，子どもの健全育成に責任を負う旨が記されている。

　子どもの健全育成の主な目的としては以下の５つがあげられ，これらを個々の子どもの発達段階に合わせ，バランスよく増進していくことが大切であるとされている。

1）身体の健康増進を図る

　日常生活で，自立して行動できるような体力（行動体力）と病気にかかりにくい抵抗力（防衛体力）を高め，健やかな身体をつくること。

2）心の健康増進を図る

　不安感，緊張感，欲求不満感等を持つことがない，安定した精神状態を保ち，人格的な発達を図ること。

3）知的な適応能力を高める

　子どもの能力や個性に応じて，可能な限りの知識と技術を獲得し，生活する

上で必要な能力を高めること。

4）社会的適応能力を高める

発達段階に応じて，自分の所属するさまざまな集団生活の場において，他者との協調性や人間関係能力を高めること。

5）情操を豊かにする

美しいもの（美的情操），善い行い（倫理的情操），崇高なもの（宗教的情操），つじつまの合うこと（科学的情操）などを見たり聞いたりしたときに，素直に感動する心を豊かにすること。

（2）主な施策

子どもの健全育成を図るための主な施策としては，以下の2つがある。

1）放課後児童健全育成事業（放課後児童クラブ，学童保育）

放課後児童健全育成事業は，仕事等で保護者が昼間家にいない小学生を対象に，学校の授業の終了後，児童厚生施設等の施設を利用して，適切な遊びと生活の場を与えて，その健全な育成を図るものであり，放課後児童クラブや学童保育とも呼ばれている。共働き世帯の一般化に伴い，このニーズは年を追うごとに高まっている。

なお2015（平成27）年には，厚生労働省により「放課後児童クラブ運営指針」が策定され，放課後児童クラブの設備および運営に関する具体的な内容が規定されるようになった。

2）児童厚生施設（児童館および児童遊園）

児童厚生施設は，「児童福祉法」に定められた児童福祉施設の一種であり，児童館と児童遊園の2種類がある。それぞれ子どもに健全な遊びを与えて，その健康を増進し，または情操を豊かにすることを目的としている。「児童の遊びを指導する者（児童厚生員）」が職員として配置され，子どもの自主性，社会性および創造性を高め，地域における健全育成活動を助長するよう，その指導を行うこととなっている。

●演習コーナー●
・少子高齢化や晩婚・晩産化の進行が，子どもの育ちにどのような影響を与えるか話し合ってみよう。
・民間企業が個々に策定している，次世代育成支援のための行動計画（一般事業主行動計画）の実例をいくつか調べて，それぞれの計画を比較してみよう。
・自分の住んでいる地域にある，子どもの健全育成を図るための施設や場所を探して，具体的にどのような活動が行われているのか調べてみよう。

参考文献

・厚生労働省：平成27年版　厚生労働白書，2015
・厚生労働統計協会編：国民の福祉と介護の動向 2016／2017，2016
・松本峰雄・小野澤昇編著：はじめて学ぶ社会福祉，建帛社，2014
・母子衛生研究会編：わが国の母子保健　平成28年版，母子保健事業団，2016
・日本社会福祉学会事典編集委員会編：社会福祉学事典，丸善出版，2014
・厚生労働省：新たな社会的養育の在り方に関する検討会：新しい社会的養育ビジョン，2017
・厚生労働省：社会的養護の推進に向けて（平成31年4月），2019
・厚生労働省：平成28年度　人口動態統計特殊報告「婚姻に関する統計」の概況，2017
・厚生労働省：平成30年（2018）人口動態統計月報年計（概数）の概況，2019
・内閣府：令和元年度版　少子化社会対策白書，2019

第**3**章 多様な保育ニーズと保育問題

　近年，保育を取り巻く状況の変化として，共働き世帯の増加や保護者の働き方の多様化などにより保育所利用ニーズは高まっている。一方で，首都圏・近畿圏などの大都市を中心に待機児童の問題は解決しておらず，利用保障の弱さといった問題も生じている。また，ひとり親家庭世帯が増加していることや，子育て力の低下が叫ばれている状況の中で，親への支援の必要性もますます大きくなっている。さらに，保育需要の多様化，保育所の機能の拡大に伴い，サービス内容も多様化しつつある。本章は，多様な保育ニーズの諸問題を明らかにしつつ，子どもや子育てについての保育者観を改めて考えようとするものである。

1──保育所の現状

（1）保育所とは

　保育所は，保護者がなんらかの事情により保育が十分に受けられない0歳から就学前までの子どもに対し，保護者に代わって保育を行うことを目的とした児童福祉施設である。また，子どもを保育するだけでなく，子育て家庭への相談支援などの機能も併せもっている。

　保育所は，「**児童福祉法**」にその設置目的が示されている。保育所の入所要件は「保育を必要とする児童」としており，保育を必要とする状態の主な例とは，①保護者が就労している（自営や内職を含む），②産前産後，③保護者の疾病または障害，④同居する親族の介護，⑤災害の復旧などである。また，保護者の求職活動や学校への通学なども考慮される場合がある。

　保育所の運営は「児童福祉施設の設備及び運営に関する基準」に示されており，保育サービスについて保育所の設備の基準や職員数，保育時間，保育の内容，利用料，職員要件などの最低ラインを都道府県・指定都市・中核市が条例

表3—1　保育所の主な要件

	内　　　　容
設備	乳児又は満2歳に満たない幼児を入所させる場合には，乳児室又はほふく室，及び調理室を設ける。 満2歳以上の幼児を入所させる場合には，保育室又は遊戯室，及び調理室を設ける。 保育室又は遊戯室には，保育に必要な用具を備える
職員	保育所には，保育士，嘱託医及び調理員を置かなければならない 保育士の数は 　　乳児3人につき1人以上 　　満1歳以上3に満たない幼児おおむね6人につき1人以上 　　満3歳以上4に満たない幼児おおむね20人につき1人以上 　　満4歳以上の幼児おおむね30人につき1人以上
その他	屋外遊戯場の設置，必要な用具の備えつけ，耐火上の基準，保育時間，保護者との密接な連絡

により定めている（表3—1）。

　保育所は保育を必要とする子どもへの保育を通じて，子どもの健全な心身の発達を図ることを目的とした児童福祉施設である。そして生活の場としてふさわしい環境を整えることが求められており，養護と教育を一体的に提供する施設である。一方で，保育所は，専門性を有する職員が配置されていることや生活や遊びの環境が整っていることなどから，地域の子育て家庭に対する子育て相談など，保育所がもつノウハウを地域に提供するという役割も有している。

（2）保育所等の実態

　「子ども・子育て支援新制度」（以下，「新制度」という）の施行により，認定こども園や地域型保育などの保育実施主体が増えたことから，保護者の保育施設利用の選択の幅が広がった。これら保育関連施設は，子育てを社会全体で支えるという趣旨から地域の実情や子育ての多様化に対応すべく，待機児童の解消にも期待がもてるものとなっている。「新制度」の趣旨は，子育ての「質」と「量」の両面から子育てを社会全体で支えるというもので，認定こども園制度の改善，小規模保育の拡充，地域の子ども・子育て支援の充実を重点施策化している。保育所での利用は，これまで市町村に利用の申請のみだったもの

が，まず就労状況をふまえ，支給認定（2号か3号）を受け，保育の必要量に応じて保育標準時間（最長11時間）か保育短時間（最長8時間）のどちらかに分類されて，利用可能な時間が認定された後に利用申請をすることとなっている。

（3）保育士のキャリアアップと処遇改善

　子育ての経済的負担軽減のために，2019（令和元）年10月より，3歳から5歳までの幼稚園，保育所，認定こども園などを利用する子どもたちの利用料が無償化された。ちなみにこの無償化の対象は条件が付されてはいるが，国が定める企業型保育事業，認可外保育施設，一時預かり，ファミリー・サポート・センター事業も対象となっており，幅広く利用できるという利点と同時に質の担保や利用料の差異なども課題として指摘されている。

　また，保育所や地域型保育など実施主体を増やすことで，保育士不足の問題も顕在化している。今後，保育士を増やすために処遇を改善するだけでなく，保育の質も同様に向上させていかなければ，親は保育所に安心して預けること

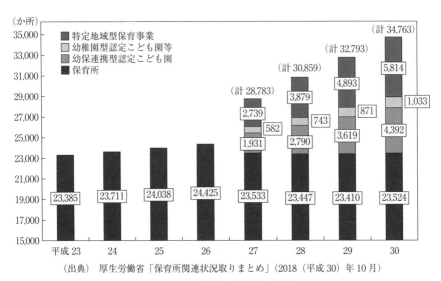

（出典）厚生労働省「保育所関連状況取りまとめ」（2018（平成30）年10月）

図3－1　保育所等数の推移

ができないことからも保育の質の向上も同様に課題となっている。そのために，保育士のキャリアアップと処遇改善の取り組みが検討されている。「保育士等キャリアアップ研修ガイドライン」では研修分野と対象者を分け，専門的な研修を都道府県等で実施することとしているなど，職制に応じた研修課題が設定され，研修修了が処遇改善と質の向上につながる仕組みとなっている。

（4）認可外保育施設の現況

　認可外保育施設とは，都道府県（政令指定都市や中核市含む）の認可を受けずに保育に類するサービスを行う施設のことである。この中には「認証保育所」など地方単独の保育事業も含まれる。しかし，「児童福祉法」および「児童福祉施設の設備及び運営に関する基準」に則った保育を義務づけているわけではないためその運営はまちまちで，認可保育施設の隙間を埋める存在となっている。認可外保育施設として届け出をしている施設については，「認可外保育施設に対する指導監督の実施について（雇用均等・児童家庭局通知）」により，年1回以上の立ち入り調査を行うこととなっている。しかし，指導監督基準に適合していない施設の割合は45％もあり，子どもの保育環境として不安が残るものとなっている（厚生労働省雇用均等・児童家庭局保育課「平成29年度認可外保育施設の現況取りまとめ」より）。ちなみに，指導監督基準に適合していない項目は，職員の健診の実施，災害時の計画の未策定や訓練の未実施，乳幼児の健診の未実施などが多い。

（5）保育所保育指針

　保育所が目指すべき姿や保育内容をまとめた厚生労働省の告示として，「**保育所保育指針**」がある。その基本的な考え方は，乳幼児期は心身の発育や発達の基礎を培う時期であり，人格の基礎が形成される時期でもあるという基本視点をふまえ，子どもの発達の特性や発達過程を理解することや子どもと生活や遊びをともにする中で，一人ひとりの心身の状態把握をすることなど，子どもの発達に応じた保育をすることとしている。

　そしてその内容は，養護と教育を一体的にとらえ，家庭での生活の連続性をふまえて，子どもの生命と心の安定と健やかな生活の確立を目指している。

この「保育所保育指針」は2018（平成30）年に改定され，乳児の保育に関する記載の充実や保育所保育が幼児教育施設に位置づけされたこと，安全な保育環境の確保を明示したこと，子育て支援の役割を重視することなどが特徴となっている。また，災害への備えや職員の専門性向上のための研修制度の構築，小規模保育などの充実なども改定のポイントとなっている。

2──多様な保育ニーズ

近年の保育ニーズの変化としては，まず保護者の働き方の変化があげられる。女性の働き方としても，結婚を機に退職せざるを得ない場合もあり，子育て期を終わってから希望の仕事に就くのは容易ではない。そのため，パートなど非正規雇用でしか勤めることができないといった労働環境が依然として残っている。一方で休日・夜間勤務や短時間労働などに従事する人も多くなり，一時保育・早朝保育・延長保育・夜間保育・休日保育といった**保育ニーズの多様化**が進んでいる。

また，保育の受け皿として，保育所のみならず，保育者の家庭などでの保育（家庭的保育事業）やベビーホテル，事業所内保育所といったものもあり，保育の形態も多様化している。

さらに，保育所の運営形態としても，あおぞら保育や駅前保育といった保育内容に特色をもたせる園も現れている。

保育所の運営に目を向けると，保育の内容にも変化がみられる。発達障害をはじめさまざまなニーズをもつ子どもの受入れが進み，個性や特性に合わせた保育が展開されはじめてきた。そのため，保育の質を落とさないよう，人員の加配などの対応をとる保育所が増えている。保育所は人と人とのかかわりを重視することから，人材が最も重視されなければならない。

3──待機児童

2018（平成30）年10月時点での待機児童数は1万9,895人と2009（平成21）年より下まわった。しかし，全国435の市区町村で待機児童がおり，特に首都

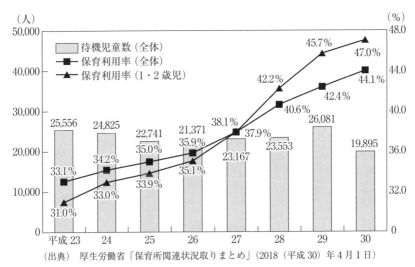

（出典）厚生労働省「保育所関連状況取りまとめ」（2018（平成30）年４月１日）

図３―２　保育所等待機児童数および保育所等利用率の推移

圏（埼玉，千葉，東京，神奈川），近畿圏（京都，大阪，兵庫）の７都府県および他の政令指定都市・中核市で全待機児童の70％を占めている。国はさまざまな施策を講じ，待機児童をなくそうと保育所の整備を進めているが，効果はいまだ十分に現れない（図３―２）。ちなみに待機児童は，特に低年齢児（０～２歳）に多く，全体の88.6％を含めている。

4――認定こども園

　認定こども園は幼稚園と保育所の機能をあわせ持ち，地域の子育て支援も行う施設である。例えば幼稚園は小学校以降の教育の基礎をつくるための学校教育施設であり，保育所は就労などのため家庭で保育できない保護者に代わって保育する社会福祉施設となる。認定こども園の利用は０～５歳までと保育所と変わらないものの，０～２歳は保育所の入所理由に準じて利用が可能となり，３～５歳の子どもは保護者の置かれている状況に関わりなく教育・保育を一緒に受けられる。特徴としては，保護者の就労状況が変わっても通いなれた園を

継続して利用できるようになることや，育児不安の大きい専業主婦の支援を行う機能も有していることである（図3―3）。なお，この認定こども園には，①幼保連携型，②幼稚園型，③保育所型，④地方裁量型の4つの形態がある（表3―2）。今後，認定こども園のような幼保連携の取り組みは一層活発になっていくだろう。

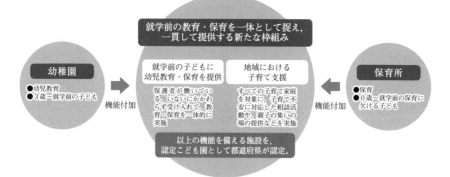

（資料）　文部科学省・厚生労働省「幼保連携推進室」ホームページ http://www.youho.org/

図3―3　認定こども園の機能

表3―2　認定こども園のタイプ

幼保連携型	幼稚園的機能と保育所的機能の両方をあわせもつ単一の施設として，認定こども園としての機能を果たすタイプ
幼稚園型	認可幼稚園が，保育が必要な子どものための保育時間を確保するなど，保育所的な機能を備えて認定こども園としての機能を果たすタイプ
保育所型	認可保育所が，保育が必要な子ども以外の子どもも受け入れるなど，幼稚園的な機能を備えることで認定こども園としての機能を果たすタイプ
地方裁量型	幼稚園・保育所いずれの認可もない地域の教育・保育施設が，認定こども園として必要な機能を果たすタイプ

5──ひとり親家庭

（1）ひとり親家庭とは

　ひとり親家庭とは，なんらかの事情により配偶者が身近にいない家庭のことをいう。その事情の例は配偶者が死亡した場合や離婚した場合，あるいは未婚での出産などである。これまでは**母子家庭**や寡婦など，女性を対象として児童扶養手当てをはじめとした支援が講じられてきたが，現在では**父子家庭**も対象となっている。ちなみに母子世帯となった理由は，離婚（79.5％），未婚時の出産（8.7％），死別（8.0％），その他となっている。父子世帯になった理由としては，離婚（75.6％），死別（19％），その他となっている。また，ひとり親世帯になったときの母の平均年齢は33.8歳，父は45.7歳となっている（厚生労働省雇用均等・児童家庭局：全国母子世帯等調査，2016年）。

　今後，離婚家庭の増加（20万8,333件，厚生労働省：人口動態統計，2018年）や就労状況などを勘案すると，ひとり親家庭の支援は重要な課題となる。特に子育てをしながら就業し，収入を確保し，生活の基盤を整えるには多くの困難が予想されるため，たとえば在宅での就業を可能とするようなフレキシブルな働き方が認められるよう働き方も見直していかなければならない。

（2）ひとり親家庭への支援施策

　児童扶養手当は，ひとり親家庭にとってなくてはならない制度である。児童扶養手当は，18歳に達する年度の末日以前の子どもがいるひとり親家庭に支給される手当てで，児童1人の場合，全部支給では，月額4万2,910円，2人目は月額1万140円，以後児童が1人増えるごとに月額6,080円を追加した額を支給する（2019年4月現在の額）。また，この児童扶養手当は，条件によって一部支給といった方法もある。なお，この手当は低所得者を対象とした生活保障の位置づけのため，保護者の年収が基準以上である場合には支給の対象とならない。この児童扶養手当は，2009（平成21）年には初めて100万世帯を超えたが，2017（平成29）年には97万3,188世帯となっている（厚生労働省大臣官房統計情報部：社会福祉行政業務報告）。なお，児童手当との併給も可能である。

6──少子化と地域子育て支援（子ども・子育て支援新制度）

（1）　少子化と地域子育て支援

　少子化の原因は，未婚化，非婚化，晩婚化，晩産化による出生率の低下があげられ，経済的負担感や心理的負担感，身体的負担感などがその背景にあると考えられている。いい換えればこの３つの負担感を解消し，子どもを産み育てやすい環境を整備することこそが大切であるともいえる。特に経済的負担感については，多くの親の心配事になっている。そのための方策として政府は，幼児教育・保育の無償化を実現させ，また，心理的負担や身体的負担解消のために職場，地域，外出先などさまざまな場において，働き方改革が実行に移されている。加えて育児不安の解消のために，子どもを安心して育てられる地域の子育て環境の整備が進んでいる。

　子育て問題の背景として，地域のつながりの希薄化もあげられる。それは，子育ての孤立化や子育てをする親の出会いの少なさといった課題を生じさせている。これらの課題は，子育ての不安感や負担感を増大させることにも関連する。また，男性の子育てのかかわりの少なさや子どもの数の減少は，子どもの多様な遊びの機会の減少といった問題を生じさせている。これらの課題について政府も，地域子育て支援拠点を拡充すべくさまざまな対策を打ち出している。この地域子育てを考える上で大切なことは，子育ては親のみならず，地域全体で支えるべきであるという考え方を地域社会全体で認識するということである。具体的には，身近な地域に子育て支援の拠点を設置し，子育て中の親子が気軽に集い，相互交流や子育ての不安を語れる場をつくることが大切である。この地域子育て拠点の整備については，実施主体についても自治体だけでなく，民間事業所や地域の市民活動団体など，さまざまな主体が子育て支援にかかわるようになっている（図３―４）。

（2）地域型保育事業

　「新制度」では，幼稚園，保育所，認定こども園などの施設型給付事業に加えて，地域の実情に応じた子育て支援として，地域型保育事業や仕事と子育て

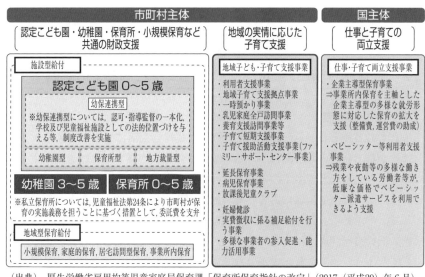

（出典）厚生労働省雇用均等児童家庭局保育課「保育所保育指針の改定」（2017（平成29）年6月）

図3－4　子ども・子育て支援新制度の概要

の両立支援のために，企業主導型保育事業やベビーシッターなどの利用支援を推進している。さらに，待機児童問題など保育ニーズの高い未満児への対応を目的として地域型保育事業を展開している。この地域型保育事業には，①小規模保育事業，②家庭的保育事業，③事業所内保育事業，④居宅訪問型保育事業の４つのタイプがある。

これは，特に都市部の待機児童家庭に対する対策として実施されるもので，小規模の保育サービスを増やすことによって地域の子育て支援機能を維持・確保することを目指している。なかでも小規模保育事業はA型（保育所分園，ミニ保育所に近い類型），B型（中間型），C型（家庭的保育・グループ型小規模保育に近い類型）の３類型に分かれていることと，それぞれ定員が６名～19名と小さなユニットでの保育が特徴となっている。

地域型保育事業はそれぞれの事業に職員数や職員資格，保育室等の環境などについて条件があり，運営についても，幼稚園教育要領，保育所保育指針などにのっとった教育・保育の提供が求められている。さらに，秘密保持や災害や

事故対応，苦情処理，会計処理，記録の整備なども国の基準をふまえて市町村が条例で定める基準が設定されている。

7──貧困家族と外国にルーツをもつ子どもとその家庭

（1）貧困家族

　子どもの貧困とは，「子どもが経済的困難と社会生活に必要なものの欠乏状態に置かれ，発達の諸段階におけるさまざまな機会が奪われた結果，人生全体に影響を与えるほどの多くの不利を負ってしまうこと」である。貧困問題の直接的な問題は経済的困難にある。経済的に困難な状態に置かれると，その結果として，不十分な衣食住，虐待・ネグレクト，文化的資源の不足，低学力，低学歴，低い自己評価，不安感・不信感，孤立，社会的排除といった結果を生み出してしまう。またこれらの不利な状態が累積することによって，ライフチャンスが制約され，貧困の世代間連鎖を生じさせてしまう。

　このような経済的な困難を原因とする諸問題は，大人だけでなく，若者や次世代の子どもの貧困に引き継がれる可能性があり，こうした負の連鎖は少子高齢社会を推し進め，GDP の低下や低経済成長から景気悪化を招き，さらには地域の福祉力の低下を引き起こす。そのため，子どもの貧困の原因は，子どもや家庭の問題というよりも社会全体の問題としてとらえることが必要である。社会的貧困というゆがみが弱者である子どもやその家族に向けられることによって，社会的養護が必要な子どもが生み出されてしまう。つまり，子どもの貧困は，虐待や不健全な養育を強いられる引き金となってしまう可能性をはらんでいる。

　それでは，保育者として子どもの貧困に対して，どのような対応が必要なのだろうか。子どもの貧困は，実態の把握が難しい。それは，友だちに，自身の家庭が貧困状態にあることを知られることは嫌だと思い，隠してしまいがちであるからである。そのため，見た目には普通に見えるということもあるだろう。保育者は声をあげない子どもや保護者に対して，子どものちょっとした表情の変化や送迎時の保護者の態度から，高い感度をもって SOS を感じることのできるような保育スタイルを目指すことが大切である。子どもや家族が

SOS を発したときの適切な受け止めや情報提供は当然必要なことであるが，これからは保育者も，地域全体の子育て支援者としての立場がより求められていくことであろう。現在では，子ども食堂などの食を通じた居場所づくりの取り組みが各地で盛んに行われている。また，地域における学習指導の取り組みも盛んになっている。今後，自治体や社会福祉施設のみならず，NPO や地域住民などさまざまな主体での子どもの貧困や居場所，外国にルーツをもつ子どもとその家庭への取り組みが注目されている。

（2）外国にルーツをもつ子ども

　外国にルーツをもつ子どもとは，外国籍の子どもに限定せず，国籍は日本でも日本語を母語としない子どもや日系人，あるいは日本に生まれ育ち日本語しか話せない外国籍の子どもなどを指す。さまざまな人種の文化や生き方を容認し，共存していこうとする「多文化共生」という課題からとらえることが必要である。現在，子どもの50人に１人が，両親のどちらか一方が日本人でもう一方が外国人となっている。

　子どもの抱える問題として最も深刻な問題は，言葉の問題である。言葉の壁により，日本語による学校の勉強についていくことができず，また友だちもできずに孤独を感じる子どもも少なくない。また，自らのアイデンティティにゆらぎを抱えることもあるだろう。親の問題に目を向けてみると，日本語の壁から，就労状況が不安定な中で子育てをしなければならない家庭も多い。そのため，進学をあきらめ，働いて家族を支えなければならない子どももいる。

　保育所や学校では，日本語で書かれたプリントや便りを理解できずに学校側と意思疎通がしにくいといった問題も生じている。また，必要な支援にアクセスできなかったり情報を得られないなど生活の負担が大きく，孤立しがちである。また，言葉の問題だけでなく，宗教によっては食事制限があったり，宗教的儀式など生活習慣も異なる場合もある。さらには，出身国の風俗，習慣も異なるため，孤立しやすい存在といえる。しかし，生活の基盤が日本にある外国にルーツをもつ子どもやその家族は，定住・永住し，地域に根付く存在であり，共に生きる人たちでもある。そのような意識を住民同士がもてるよう，コミュニティに対する外国籍の人たちの支え合いの社会をつくれるような働きか

けや，異文化理解のための教育も求められているといえる。

●**演習コーナー**●

・自宅（もしくは実習先）の近くにある子育て支援を行う施設や子どもに関連する施設を調べ，地図におとしてみよう。また，どのような事業を行っているのか一覧表を作ってみよう。

・保育所における子育て支援のための新規プログラムを作成し，ポスターにまとめてグループ内で発表してみよう。

・これからも保育所は多様な子どもを受け入れていくこととなるが，目指すべき保育者像をイメージし，そのために必要な知識とはどのようなものなのか自己分析を行い，資質向上のために必要な取組みスケジュールを立ててみよう。

第4章　子どもの養護問題と虐待防止

1——子どもの養護問題

（1）社会的養護とは何か

　社会的養護とは，なんらかの事情により家庭で暮らすことのできなくなった子どもを含め，すべての子どもの育ちを保障する観点から，家庭の養育支援と家庭に代わって，施設や里親などにより公的に養育する仕組みのことをいう。その目的は，家庭での養育を基本として実親の養育が困難な場合に，できる限り良好な家庭的環境の元で子どもが心身ともに健全に発達することを保障し，安定した人格を形成する場を継続的に提供することにより，自立を目指すことである。社会的養護は，次の2つの機能を有しているとされている。

　1つ目は「子どもの育ちを保障するための**養育機能**」である。社会的養護が対象とする子どもは，家庭で暮らすことができなくなった子どもだけでなくすべての子どもに保障されるべきものであり，施設への入所や里親などで生活を営むことができればよいというものではない。安定的で安心した環境の中で子ども一人ひとりの個性が大事にされた養育がはぐくまれなければならないとする環境面からみた考えである。

　2つ目は「適切な養育が提供されなかったことにより，受けた傷を回復する**心理的ケア等の機能**」である。実際に子どもが心身に受けた傷を癒し，発達障害等，障害のある子どもの状態に合わせて専門的で実効性のあるケアを行うという回復の視点からみた考えである。なお，これらの機能は独立しているものではなく，両輪となって子どもが支えられ，自立が図られるような仕組みを構築しなければならないものである。

（2）社会的養護の実態

　社会的養護には2つの体系がある。社会的養護関係施設において要養護児童を入所させ，ケアすることを**施設養護**と呼び，グループホームや小規模でのグループケアなど，施設において家庭的な養育環境を目指す取り組みを「家庭的養護」と呼ぶ。また，里親など保護の必要な子どもを養育者の家庭に迎え入れて養育を行うことを**家庭養護**という。この施設養護と家庭養護の2つの体系の下で社会的養護は成り立っている。

　施設養護の主な施設としては，乳児院，児童養護施設，児童心理治療施設，児童自立支援施設，母子生活支援施設などがあり，それぞれ子どもや保護者の生活状態や困窮度，緊急性などによって利用される。根拠法は「児童福祉法」となっている。以下，主な社会的養護を担う施設等の概要をまとめた（表4—1）。

（3）社会的養護の原理と原則

　社会的養護は，①子どもの最善の利益のために，②社会全体で子どもを育むことを基本理念としている。この理念の実現に向けて，①家庭養育と個別化，②発達の保障と自立支援，③回復をめざした支援，④家族との連携・協働，⑤継続的支援と連携アプローチ，⑥ライフサイクルを見通した支援という原理に基づいて，きめ細やかなソーシャルワークとケアワークを組み合わせた援助を行う必要がある（表4—2）。

（4）障害のある児童の増加

　社会的養護を必要とする子どもの中で現在，障害等のある子どもが増加している。児童養護施設における障害児童の割合は28.5%で，知的障害や広汎性発達障害の子どもが多く，虐待を受けた子どもと同様に専門的なケアの必要性が増している。現在は施設を小規模化し，より家庭的な雰囲気の中でケアが行われるために個室などの居住スペースが確保されつつあるが，児童養護施設の小規模化を例にとれば，一般家庭に近い生活体験をもちやすい，個別の状況に合わせた対応をとりやすい，生活の中で家事や身の周りの暮らし方を教えやすい，少人数のために行動しやすいといった利点の反面，職員が1人で多様な役

表４−１　児童福祉法に基づく主な社会的養護を担う施設等

施設種別 （根拠）	施設の目的と対象者
乳児院 （第37条）	乳児（保健上，安定した生活環境の確保その他の理由により特に必要のある場合には，幼児を含む）を入院させて，これを養育し，合わせて退院した者について相談その他の援助を行う。
児童養護施設 （第41条）	保護者のない児童（乳児を除く。ただし，安定した生活環境の確保その他の理由により特に必要のある場合には乳児を含む），虐待されている児童その他環境上養護を要する児童を入所させて，これを養護し，合わせて退所した者に対する相談その他の自立のための援助を行う。
児童心理治療施設（第43条の2）	家庭環境，学校における交友関係その他の環境上の理由により社会生活への適応が困難となった児童を短期間入所させ，又は保護者の下から通わせて，社会生活に適応するために必要な心理に関する治療及び生活指導を主として行い，あわせて退所した者について相談その他の援助を行う。
児童自立支援施設 （第44条）	不良行為をなし，またはなすおそれのある児童及び家庭環境その他の環境上の理由により生活指導等を要する児童を入所させ，または保護者の下から通わせて，個々の児童の状況に応じて必要な指導を行い，その自立を支援し，合わせて退所した者について相談その他の援助を行う。
母子生活支援施設 （第38条）	配偶者のいない女子またはこれに準ずる事情にある女子及びその者の監護すべき児童を入所させて，これらの者を保護するとともに，これらの者の自立の促進のためにその生活を支援し，合わせて退所した者について相談その他の援助を行う。
自立援助ホーム	義務教育を終了した満20歳未満の児童等や，大学等に在学中で満22歳になる年度の末日までにある者（満20歳に達する日の前日に自立援助ホームに入居していた者に限る）であって，児童養護施設等を退所したもの又はその他の都道府県知事が必要と認めたものに対し，これらの者が共同生活を営む住居（自立援助ホーム）において，相談その他の日常生活上の援助，生活指導，就業の支援等を行う。

（資料）　厚生労働省：社会的養護の現状について（参考資料）

割を果たさなければならない，勤務時間が多くなりがちなどの課題も生じている。

（5）家庭養護の実態と課題

　次に，家庭養護の実態であるが，主な制度として**里親制度**があげられる。里親制度とは，保護者のない児童または保護者に監護させることが不適当である場合，児童の養育を，都道府県（指定都市・児童相談所設置市を含む）が里親

表4—2　社会的養護の原理

①家庭養育と個別化	すべての子どもは，適切な養育環境で，安心して自分をゆだねられる養育者によって養育されるべき。「あたりまえの生活」を保障していくことが重要。
②発達の保障と自立支援	未来の人生を作り出す基礎となるよう，子ども期の健全な心身の発達の保障を目指す。 愛着関係や基本的な信頼関係の形成が重要。自立した社会生活に必要な基礎的な力を形成していく。
③回復をめざした支援	虐待や分離体験などによる悪影響からの癒しや回復をめざした専門的ケアや心理的ケアが必要。 安心感を持てる場所で，大切にされる体験を積み重ね，信頼関係や自己肯定感（自尊心）を取り戻す。
④家族との連携・協働	親と共に，親を支えながら，あるいは親に代わって，子どもの発達や養育を保障していく取り組み。
⑤継続的支援と連携アプローチ	アフターケアまでの継続した支援と，できる限り特定の養育者による一貫性ある養育。 様々な社会的養護の担い手の連携により，トータルなプロセスを確保する。
⑥ライフサイクルを見通した支援	入所や委託を終えた後も長くかかわりを持ち続ける。 虐待や貧困の世代間連鎖を断ち切っていけるような支援。

（出典）厚生労働省子ども家庭局家庭福祉課「社会的養育の推進に向けて」（2019（平成31）年4月）

に委託する制度である（児童福祉法第6条の4）。この里親制度は，虐待を受けた子ども等，家庭での養育が欠けている子どもに対しては，できうる限り家庭的な環境で養育を行うことが必要だとされ，里親の形態も細分化され，その拡充が急がれている。また同法改正で，**小規模住居型児童養育事業（ファミリーホーム）**が，里親委託，施設入所に加わる新たな社会的養護の受け皿として位置づけられ，普及が図られている。

　家庭養護の体制の課題として指摘されていることは，家庭養護は施設養護に比べて圧倒的に受け皿も担い手も少ないということである。里親希望者が少ないことや，実親が里親委託を承諾しにくいこと，血縁意識に縛られてしまうことなど，普及が進まない原因は多岐にわたっている。

　2017（平成29）年にとりまとめられた「新しい社会的養育ビジョン」では，

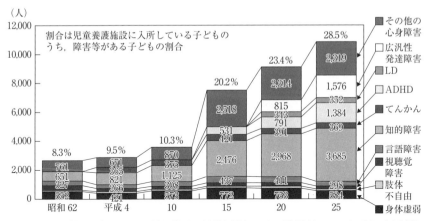

※ADHD（注意欠陥多動性障害）については、平成15年より、広汎性発達障害およびLD（学習障害）については、平成20年より調査。
それまではその他の心身障害へ含まれていた可能性がある。

（出典）　厚生労働省子ども家庭局家庭福祉課「社会的養育の推進に向けて」（2019（平成31）年４月）

図４―１　児童養護施設における障害等のある児童数と種別

社会的養護を必要としている子どもの９割近くが施設に入所している現状があることから，より家庭に近い環境での養育が必要であるとして，①市区町村を中心とした支援体制の構築，②児童相談所の機能強化と一時保護改革，③代替養育における「家庭と同様の養育環境」原則に関して乳幼児から段階を追っての徹底，家庭養育が困難な子どもへの施設養育の小規模化・地域分散化・高機能化，④永続的解決（パーマネンシー保障）の徹底，⑤代替養育や集中的在宅ケアを受けた子どもの自立支援の徹底といった取り組み課題が示された。これら指摘された課題をふまえ，今後，施設養護での養育の質を高めるとともに，できる限り家庭的環境で継続的に養育されるよう，施設の小規模化や里親，ファミリーホームでの養育を推進していくことが必要である。そしてその実現において子どもが不利益を被らないよう，自治体は十分な配慮をもって新たな社会的養護についての計画を策定することなどが示された。

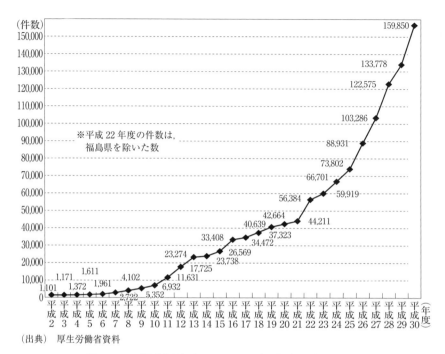

（出典）　厚生労働省資料

図4―2　児童相談所における子ども虐待相談対応件数

2――子ども虐待

　子ども虐待については，厚生労働省が把握している児童虐待相談対応件数の年次推移からその傾向が見てとれる。1990（平成2）年では1,101件であった相談件数は，2018（平成30）年では15万9,850件に増加し，一向に減少する気配がない（図4―2）。また，昨今では，虐待の実情がより陰湿化・密室化している。2020（令和2）年には，「児童虐待の防止等に関する法律」と「児童福祉法」が改正され，親がしつけに際して体罰を加えることを禁止し，民法の「懲戒権」を施行後2年を目途に見直しを行うこと，児童相談所の機能強化のために一時保護と保護者支援の担当を分けること，医師と保健師を配置して迅速な保護につなげることなどが打ち出された。今後明らかに虐待を受けた子ど

もへの支援のみならず，虐待と見極めづらいボーダーにある子どもについても目を向けなければならない。不健全な養育家庭の実態は虐待予備軍とも想定できるし，すでに虐待を受けていても表ざたになっていないだけかもしれないからである。

（１）子ども虐待とは

　子ども虐待は，子どもが保護者から受ける心身への著しい暴力であり，子ども虐待には子どもの心身の発達のみならず，人格形成にも重大な影響を与える。そして身体的虐待，性的虐待，ネグレクト，心理的虐待など次のような行為がある。

---

① 　身体的虐待
　　子どもの身体に対する不必要な暴力や行き過ぎた体罰などにより，身体に危害を及ぼす行為
② 　性的虐待
　　子どもにわいせつな行為をすること，またはわいせつな行為をさせること
③ 　ネグレクト
　　子どもに対する監護や養育の放棄や放任
④ 　心理的虐待
　　子どもに対する暴言や関係拒絶などの言動によって心理的な傷を負わすこと。または同居する家庭における配偶者への暴力を見聞きすること（子どもに向けられた行為でなくても，側で配偶者への暴力を見聞きするような場面に遭遇することや，配偶者への暴力が想定できるような事実を見聞きすること）

（出典）児童虐待防止法を基に筆者作成

（２）虐待につながる要因と子ども虐待への継続的なケア

　「低年齢少年の生活と意識に関する調査」（内閣府，2007年）では，親世代が抱える心身の状況と成育歴に焦点を当て，子どもの問題と思われる行動や考え方への影響についての研究報告が出されている。興味深いのは，約２割の父母がなんらかの不適切な養育を経験しているという結果である。そしてこの不適切な養育経験は自分と子どもとのかかわりを困難なものにする傾向があると

している。また，親の成育歴と子の問題行動について，子どもは親の感情状態に大変敏感であり，暴力的な親に育てられた人は，大人になった時に力で子どもをコントロールするようになったり，怒りのコントロールに不全をきたしている様子がある程度うかがえるという結果が出ている。これは潜在的に，子どもの成長にとってマイナス側面が蓄積されていく危険性を指摘している。

このように虐待体験や不健全な養育体験は，子どもに対人関係障害や問題行動の多発といった影響を及ぼす。特に感情調整機能の発達不全は，万引きや盗癖，摂食障害，アルコールや薬物，異性への依存，リストカットなどの自傷行為，虚言などの行為を引き起こす要因となる。保育者としては，保護者や子どもに対して安全・安心な環境を保障して保育にあたらなくてはならない。次に虐待のリスク要因として保護者や子どもの姿，そして生活環境の側面からどのような変化に気をつけておくべきかを列挙する。

虐待につながりうる注意すべき状態の例
　　―保護者の側面―
○保護者等に精神疾患がある，あるいは強い抑うつ状態がある
○医師，助産師が立ち会わないで自宅等での出産や予防接種，健診の未受診
○妊婦健診を受けなかったり，妊産婦等との連絡が取れない
○保育者とのあいさつを拒否する，またはコミュニケーションをとろうとしない
○虐待が疑われるにもかかわらず保護者等が虐待を否定している。また，訪問等をしても子どもに会わせてもらえない
○育児に強い不安やいらだちを抱えている（なきやまない，なつかない等）
○パートナーとの関係がよくない
○子育て支援サービスを利用していない，あるいは知らない
○過去に虐待を受けていたトラウマがある。また，虐待の例がある（きょうだいを含む）
○しつけに対する価値観が援助職の理解と異なっている
○若年での妊娠，出産（望まない妊娠，出産を含む）
○生活能力や養育能力が乏しい
○保護者自身の自己肯定観が低い
　　―子どもの側面―
○子どもの顔や体に外傷がある

○低身長，栄養障害による体重が増加していないなどの発育障害がある

○説明と合わない骨折ややけど，内出血（痣），外傷がある。また同様の傷が繰り返されている

○病気であっても医療にかかっていない

○保育所や学校などに頻繁に遅刻をする，欠席をするなど不規則な登園

○おびえた表情，人や物に対する興味・関心が薄い

○不注意や放心状態，詐病など精神的なゆらぎ

○過度の攻撃性や依存など，人とのより良い関係がとれていない

○食欲不振，あるいは，食への異常なこだわり

○衣服の乱れ，清潔感の欠除，生活リズムの乱れ

　　—生活環境等の側面—

○きょうだいに虐待があった

○転居を繰り返している

○地域から孤立している（近隣との付き合いが薄い）

○経済状態な問題を抱えている（不安定な仕事，無職，病気など）

（出典）厚生労働省雇用均等・児童家庭局：「児童相談所と市町村の共通リスクアセスメントシート（例）」，2017より筆者要約抜粋

　これらの状態を把握したならば注意が必要である。1つの因子だけでなく複数の状態が重なっているのなら，よりリスクは高まっているとみるべきである。実際には，さまざまな要因が絡まりあって虐待が発生したり，またなんらかの拍子で，突発的に発生することもあるだろう。虐待の程度もさまざまで，突発的・単発的な場合や継続的に続く場合もある。ともあれ，予防の観点から保育者は積極的な支援が望まれている。列挙されたリスク要因の多さからみても，保護者の状態を常に把握し，かかわりを密にしながらリスク要因の除去を試みることが重要であるといえる。

　保護者の生活の回復の視点からとらえると，自分の育ちを見直し，子どもとのよりよい生活を目指せるよう生活問題の解消と子との不全関係の修復，自尊感情の回復，経済的自立方法の模索，身近な地域で支え合えるコミュニティづくりなど，さまざまな視点で介入することとなる。同時にトラウマや病的な症状の改善回復，関係者や隣人との良好な関係の取り方など，よりよく生きる力

の習得にも力を注がなくてはならない。そのために機関同士が協働し，補完し合いながらの取組みが必要不可欠となる。

（3）子ども虐待に対する保育者のかかわり

被虐待児やその保護者に対して，保育者はどのようなかかわりが必要だろうか。

保育という仕事を続けていれば，いずれ虐待を受けている子どもに直接かかわる場面もあるかもしれない。保護者の支援も保育者の業務として大事なものである。そこで，保育者は虐待の対応や予防を担う上でどのようなことを心がけておくべきか，保育者がもつべき力をあげておく。

保育者がもつべき7つの力

① 自分の先入観，予断，あるいは偏見を知りそこから自由になっていること

　相談活動をする側も生身の人間です。どんなベテランの人であっても，そのときどきの自分自身の状態から免れて，まるで教科書の中にあるような理想的な保育者の役割がとれるとは限りません。子どもや保護者との深い共感を基盤としながら，一方では，いつも白紙の謙虚な気持ちで一人ひとりの苦しみに接する必要があります。

② 人々とかかわりを作る力をもっていること

　これは子どもや保護者にかかわる場合のみならず，同僚や他の専門職とかかわることなど，すべての対人接触・交渉の場面の基礎になります。どんな人ともきちんとかかわりを作ることができる力量は大切です。

③ 人々の話を聴く能力と，人々を観る力をもっていること

　カウンセリングなどでいわれる「積極的傾聴」がこれにあたります。聴くというとただ一方的に相手の言うことを受け取るだけのように思いがちですが，聴く能力の中には，適切な質問で聞く（たずねる）ということも含まれます。またちょっとした変化を敏感に察知する観察力も必要です。

④ 人々の感情や行動や人生についての知識をもっていること

　人々の喜怒哀楽の感情，そうした感情をもったときの振る舞い，いろいろな行動の背景にある人々の心情，人生の途上で出会うさまざまなエピソードなどについてひと通りの知識をもっているほうが安心です。虐待相談の中では，タブー視されがちな性の問題や家族問題，経済状態，子どもに対する憎

しみなどがテーマとなることもあるはずです。そうしたことがらについて，きちんと対応できるようにしておけば相談する側は安心でしょう。

⑤ 相手のペースで動ける力をもっていること

　ものごとに対応するときに，人はそれぞれのペース，手順というものがあります。虐待という触れられたくない部分に介入するわけですから，当然，拒否される場合もあるでしょう。子どもへの緊急介入の場合は別としても，人それぞれに解決への道のりは違うことを念頭に置き，なるべく保育者のペースでものごとを進めてしまわないよう，相手のペースを知り，合わせていくことが大切です。

⑥ バランスのとれたものの見方をする力をもっていること

　人間の生活は多彩な要素で成り立っていますから，1つのことがらにばかり目を奪われてしまうと生活全体をみたときに偏りが生じかねません。また懸命に取り組んで，それにどっぷりつかっていくと，ちょっとした違う立場でものをみるとか，違う考えをしてみるといったことがなかなかできなくなります。柔軟な思考をもち，常に自分の業務を客観的にみる姿勢をもっていることが大切です。

⑦ 多彩な人々とのネットワークを作る力をもっていること

　子ども虐待への取組みは，医師などの専門職，行政，ボランティア，民生委員・児童委員，地域住民など，援助を展開していくときには実に多彩な人々との連携，協力が必要です。子どもや保護者が社会の中で孤立しないようにネットワークを作ること，その仲介役になることも必要となるでしょう。そのためには，近隣地域の資源を把握することが必要ですし，地域住民との協力関係を作っておくことが大切です。

（出典）神奈川県社会福祉協議会：セルフヘルプ・グループのための相談ハンドブック，1999より筆者加筆修正

3──DVとその防止

（1）DVとは

　DVとは「Domestic Violence（ドメスティック・バイオレンス）」のことで，配偶者等からの暴力のことを指す。配偶者からの暴力の原因として，配偶

者のパートナーに対しての勝手な精神的な支配と強要など，加害者個人の問題のみならず，男女間の経済的格差によって暴力から逃れられない関係があるなど，構造的な問題も指摘されている。このような暴力の防止と被害者の保護を図ること，配偶者からの支援体制を整備することを目的として，2001（平成13）年に「配偶者からの暴力の防止及び被害者の保護に関する法律」（2013（平成25）年より「配偶者からの暴力の防止及び被害者の保護等に関する法律」に名称変更）（略称「DV防止法」）が施行された。ちなみに本法では，事実上婚姻状態にある者や離婚後に前配偶者から受ける暴力も含まれるものとしている。

　それでは，なぜ配偶者はDVからなぜ逃れることができないのだろうか。最近ではインターネットの普及によってDV被害者に対する支援機関や相談機関なども容易にアクセスすることができるものの，やはり被害者は長いDV被害に恐怖や無力感に襲われ訴えることができなかったり，子どもの生活のためにがまんせざるを得ない場合や，別居，離婚した後の生活の不安からがまんするしかないといった場合など，被害者がDVの被害を訴えることができず，潜在化させていることが原因となっている。また，アルコールなどの物質依存によって自制が効かなくなって攻撃的になってしまうケースや，加害者のストレスのはけ口として暴力が向けられてしまうケース，精神疾患によって暴力が出現しているケースなどDVの要因は一様でない。まずは保護・安全確保を図り，個別の事案ごとに原因を追究し，その除去を図ることが必要となる。

（2）　DVの形態

　DVにはさまざまな形態がある。主にその種類は，①身体的なもの，②精神的なもの，③性的なものの3つである。①身体的なものとは，身体に危害を及ぼす不法な攻撃のことであり，殴る，蹴る，しめる，引きずりまわす，物を投げつけるといった行為のことを指す。②精神的なものとは，心身に有害な影響を及ぼす言動のことをいい，怒鳴る，無視する，馬鹿にする，大切なものを壊す，生活費を渡さない，仕事を辞めさせる，脅す，殴るふりをしておどかすなどの言動から被害者の心を傷つけることをいう。③性的なものとは，嫌がって

いるのに性的行為を強要する，避妊に協力しない，中絶を強要する，見たくないポルノビデオを見せるなどがある。DV は犯罪ともなる重大な人権侵害でもある。また，子どもに対しても重大な影響を及ぼす問題でもある。このような基本的認識を広く周知し，理解をうながしていく必要がある。

（3）DV から逃れるための相談機関

DV 被害を受けた場合，その安全な生活を確保するためにさまざまな相談機関や支援機関が存在する。ただし，すぐに解決するとは限らない。また，DVの被害がなくなったから解決という結果には至らないこともある。DV 被害から逃れるための離婚など，生活基盤を一度壊さなくてはいけないこともあるからだ。そのためには，法的手段を進める場合や離婚した場合の自立した生活のための支援も必要となるだろう。

DV 被害を受け，自立した生活を営むために 3 つのステージがある。それは，①安全な生活を確保するためのステージ，②法的手続きをすすめるためのステージ，③自立生活促進のためのステージである。表4—3にあるように，まずは配偶者暴力相談センターや民間のシェルターに避難し身の安全を図ること。そして加害者との調停や離婚に向けた法的手続きを進めること。次に自ら

表4－3　DV 被害者の自立生活に向けたステージ

ステージ	被害者の状況	支援機関	支援機関の動き
①安全な生活を確保するためのステージ	避難，相談，受診	警察，配偶者暴力相談センター，民間シェルター，病院，福祉事務所など	被害者の発見，被害者の保護，加害者の検挙，一時保護，相談，治療など
②法的手続きをすすめるためのステージ	弁護士紹介，弁護士への相談，離婚調停など	日本司法支援センター（法テラス），弁護士会，家庭裁判所	裁判費用の立て替え，調停，仮処分命令，保護命令
③自立生活促進のためのステージ	避難，一時保護，社会福祉制度の利用，転居先の確保，就職活動，子どもの転向転園	福祉事務所，教育委員会，婦人相談所，ハローワーク，母子生活支援施設，民間支援団体	生活相談，子ども家庭支援センター，生活保護，母子生活支援施設入所，就職斡旋，

（資料）内閣府男女共同参画局（http://www.gender.go.jp/policy/no_violence/e-vaw/shien/index.html）より筆者要約

　の生活の基盤を整えるために，社会福祉制度の利用や就職に向けたトレーニン
グ，子どもの教育基盤の再構築を行うことなどが考えられる。
　DV の相談は増加傾向にある。これからは DV の相談機関の中でより一層
DV をしない，受けない教育がより一層必要となってくるだろう。また，ＤＶ
により生活環境が変化した当事者を地域全体で支えされるようなコミュニティ
づくりも重要な課題といえるだろう。

●演習コーナー●
・保育者が虐待をしてしまう親からの相談を受ける場面を想定し，「保育者が
　もつべき7つの力」を参考にロールプレイングで双方の立場で役割を演じて
　みよう。
・子どもの貧困には，さまざまな要因が隠れていることを学んだが，子どもの
　貧困から生じる問題を5つ考え，それぞれどのような支援がされているのか
　調べてみよう
・虐待を受けた子どものフォローアップのために，行政や民間団体がどのよう
　な支援を行っているか調べ，それぞれの機関が抱える課題について整理して
　みよう。

引用・参考文献
・村井美紀・小林英義：虐待を受けた子どもへの自立支援，中央法規出版，2002
・厚生労働省：社会的養護の現状について（平成31年4月版）
・神奈川県社会福祉協議会：セルフヘルプ・グループのための相談ハンドブック，
　1999
・厚生労働省：社会的養育の推進に向けて，2019

第5章　障害のある子どもの問題

1──保育者が障害についてなぜ学ぶ必要があるのか

　「障害」と一言でいっても，さまざまな種類がある。比較的障害が理解されやすいのは身体的な障害や，知的な発達の遅れなどの障害であるが，近年，乳幼児期には発見することが難しいとされている発達障害などが注目されている。保育現場では，落ち着きがない，友だちとうまく遊べない，会話がなりたたない，体の動きがぎこちない，同年齢の子どもと比較してこだわりの傾向が強いなどの行動をとる子どもがいる。このような子どもたちは，これまで保育現場では**気になる子**と呼ばれてきた。この「気になる子」の中には，発達障害がみられることがしばしばある。こうした中で，保育者には，障害のある子どもやその家族を支援していく役割が求められている。

　一方，保育士になるために必要な保育実習は，障害のある子どもの施設で実施することがある。なぜなら保育士は保育所だけでなく，障害のある子どもの施設で働くことができるからである。そのため，障害のある子どもの理解や家族支援について学ぶことは必要不可欠なのである。

2──障害について

（1）障害の表記について

　保育者がかかわる障害のある子どもは，どのような子どもたちであろうか。そもそも障害とはどのようにとらえられているのか，最近では「障害」と表記せずに「障碍」「障がい」と表記している人や自治体もある。

　法律では，「障害」と記されているため，本章でも「障害」の表記を用いるが，現在では行政機関でも「障がい」と表記されることも増えてきた。この問

題は，単に漢字で言葉を表す問題にとどまることなく，その背景にある「障害」のとらえかたにも影響されているとも考えられる。「障害」について一人ひとりが考えていくことを問われているといえる。

（2）障害のとらえ方について

WHO（世界保健機関）により，2001年に人間の健康状態の枠組みである国際生活機能分類（**ICF**：International Classsification of Functioning）が示された（図5―1）。これは，人の健康状態を「心身機能・構造」「活動」「参加」の3つの側面からとらえ，さらに「環境因子」「個人因子」がどのような影響をそれらの側面に与えるのかを探ることを目的にしたものである。注目すべき点は，「環境因子」に視点をおいている点であり，生活していく上で起きる個人の困難を本人の問題だけでなく，本人の課題と周囲の課題とに分けて分析していることである。これまでは体が不自由であることや，脳に障害があるといったことが原因であるといった個人の問題として障害をとらえる医学モデルであったが，ICF は社会の環境側（社会とのかかわり合いの中）に障壁があるとの考えを示している。つまり ICF の考え方は，障害のある人もない人も，同じ市民であり生活者であるという認識を促した点において画期的である。また，個人因子のみならず，環境因子である人々の意識的環境や制度的環境，生活情報や福祉サービスなどといった面が重要であると着目している。

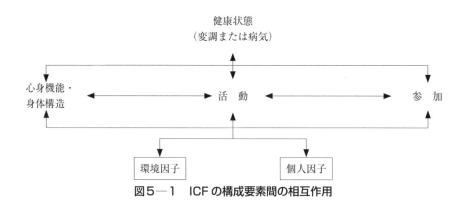

図5―1　ICF の構成要素間の相互作用

（3）障害の定義

「児童福祉法」第4条第2項では，「身体に障害のある児童，知的障害のある児童，精神に障害のある児童（発達障害者支援法第2条第2項に規定する発達障害児を含む。）又は治療方法が確立していない疾病その他の特殊な疾病であつて障害者の日常生活及び社会生活を総合的に支援するための法律第4条第1項の政令で定めるものによる障害の程度が同項の厚生労働大臣が定める程度である児童」を障害児と定義しており，3つの障害と難病のある子どもが対象となる。

1）身体障害

身体に障害のある者とは，「身体障害者福祉法」第4条の規定により，身体上の障害がある18歳以上の者であり，身体障害者手帳の交付を受け，社会福祉サービスを利用することが可能である。**身体障害**は「視力障害」「聴覚または平衡機能の障害」「音声機能，言語機能，咀嚼機能の障害」「肢体不自由」「重篤な心臓，じん臓，呼吸器機能などの内部障害」とされている。

2）知的障害

知的障害については，明確な法的定義は存在しないが，厚生労働省の「知的障害児（者）基礎調査」の中で「知的機能の障害が発達期（おおむね18歳まで）にあらわれ，日常生活に支障が生じているため，何らかの特別の援助を必要とする状態にあるもの」とされている。また知的障害の判断基準には，知能検査（ウェクスラーまたはビネー）による測定結果が知能指数70までのものとされている。知的障害がある子どもは**療育手帳**が交付される。手帳が交付されるための判定には，先に述べた知能指数，発現時期，日常生活能力の状況（自立機能，運動機能等）が総合的に判断されている。日常生活能力は，自立機能，運動機能，意思交換，探索操作，移動，生活文化，職業等の到達水準が総合的に同年齢の日常生活水準の判定基準により，日常生活がどの程度可能か判断される。

3）精神障害と発達障害

精神障害は，「精神保健及び精神障害者福祉に関する法律」では，「統合失調症，精神作用物質による急性中毒又はその依存症，知的障害，精神病質その他の精神疾患を有する者」と定義されている。「障害者基本法」では，「精神障害

者」は「精神障害があるため，継続的に日常生活又は社会生活に相当な制限を受ける者」とされている。精神障害がある人には精神障害者保健福祉手帳が交付される。

　次に，精神障害の中に位置づけられる発達障害について述べる。**発達障害**は，「発達障害者支援法」第2条に「自閉症，アスペルガー症候群その他の広汎性発達障害，学習障害，注意欠陥多動性障害その他これに類する脳機能の障害であってその症状が通常低年齢において発現するもの」とされている。

　これらの障害のうちどれにあたるのかは，障害の種類を明確に分けて診断することは難しく，それぞれ重なり合っている場合が多い。また年齢や環境によって出てくる症状が異なる。

　また，アメリカ精神医学会が2013年に改訂した精神障害の分類『DSM-5』で，自閉症およびアスペルガー症候群，広汎性発達障害に関しては，自閉症スペクトラム障害（Autism Spectrum Disorder；ASD）に大きく変更された。

　① 自閉症スペクトラム障害

　自閉症スペクトラム障害（ASD）とは，自閉症とその周辺障害であり，程度の差はあるものの，1つのつながり，つまり虹のような連続体としてとらえることを意味している。『DSM-5』の自閉症スペクトラム障害の診断基準では，社会的コミュニケーションおよび社会的相互作用の持続的な欠陥や行動・関心・活動における固定的・反復的なパターンの2つを満たし，症状が発達初期から存在していることなどがあげられている。

　また，他者とのかかわりが難しく，これらの子どもたちは生きづらさを抱えていることが多い。人と視線が合いにくい，周囲への関心が低い，ほしいものがあるとすぐ取ってしまう，友だちと遊べないなどの場合もあり，人とのかかわりに特異性や困難性がある。このような状況は，社会生活や日常生活，職業生活を送る上で大きな障壁となることがある。

　② 学習障害（Learning Disabilities；LD）[1]

　学習障害（LD）は，基本的には全般的な知的発達に遅れはないものの，聞く，話す，読む，書く，計算するまたは推論する能力のうち特定のものの習得や使用が著しく困難な状態を指すものである。学習障害は，その原因として，中枢神経系に何らかの障害があると推定されるが，視覚障害，聴覚障害などの障害

や，環境的な要因が直接の原因となるものではないとされている。

③　注意欠如多動性障害（Attention-Deficit Hyperactivity Disorder；ADHD）[1]

注意欠如・多動性障害（ADHD）とは，年齢あるいは発達に不釣り合いな注意力や衝動性，多動性を特徴とする行動の障害であり，社会的な活動や学業の機能に支障をきたす。また，7歳以前に現れる傾向があり，その状態が継続し，中枢神経系に何らかの要因による機能不全があると推定される。

4）重症心身障害児

重症心身障害児とは，重度の知的障害と重度の肢体不自由が重複した状態の子どもを指している。重症心身障害の原因は，染色体異常，脳の奇形といった出生前の原因や，低酸素症や髄膜炎，低出生体重などの出生後の原因などさまざまである。気管切開，痰の吸引，経管栄養，胃ろうといった医療的ケアが必要となる場合が多い。医療と介護・保育が必要となる。

3──障害のある子どもの状況について

（1）身体障害のある子ども

厚生労働省の身体障害児実態調査，生活のしづらさなどに関する調査によると，2016（平成28）年12月時点における在宅障害児は6万800人である。2011（平成23）年12月の調査時点より，4,700人減少した。2016（平成28）年の調査では，肢体不自由が52.9％，聴覚・言語障害7.4％を占めている。

（2）知的障害のある子ども

在宅の知的障害児は2016（平成28）年において21万4,000人である。またそのうち重度の障害程度であるのは，6万9,000人となっている（厚生労働省：生活のしづらさなどに関する調査）。

知的障害は発達期にあらわれることが多い。以前に比べ知的障害に対する認知度が高くなり増加したと考えられる。

表5―1　障害の種類別にみた身体障害児数の推移

| 　 | 推　計　数（人）
（構　成　割　合（%）） | | | | | |
	総　　数	視　覚 障　害	聴　覚・ 言語障害	肢　体 不自由	内　部 障　害	重複障害 （再掲）
昭和45年10月（'70）	93,800 (100.0)	7,000 (7.5)	18,300 (25.3)	57,500 (61.3)	5,600 (6.0)	12,600 (13.4)
平成3年11月（'91）	81,000 (100.0)	3,900 (4.8)	11,200 (13.8)	48,500 (59.9)	17,500 (21.6)	6,300 (7.8)
8年11月（'96）	81,600 (100.0)	5,600 (6.9)	16,400 (20.1)	41,400 (50.7)	18,200 (22.3)	3,900 (4.8)
13年6月（'01）	81,900 (100.0)	4,800 (5.9)	15,200 (18.6)	47,700 (58.2)	14,200 (17.3)	6,000 (7.3)
18年7月（'06）	93,100 (100.0)	4,900 (5.3)	17,300 (18.6)	50,100 (53.8)	20,700 (22.2)	15,200 (16.3)
23年12月（'11）	72,700 (100.0)	4,900 (6.7)	11,800 (16.2)	42,300 (58.2)	9,800 (13.5)	8,800 (12.1)
28年12月（'16）	68,000 (100.0)	5,000 (7.4)	5,000 (7.4)	36,000 (52.9)	15,000 (22.1)	23,000 (33.8)

（注）1　平成23年調査において岩手県，宮城県，福島県，仙台市，盛岡市，郡山市，いわき市については，東日本大震災の影響により，調査を実施していない。
　　　2　平成23年調査の総数には「障害種別不詳：6,000人（8.8%）」を含む。
（資料）厚生労働省：身体障害児実態調査，生活のしづらさなどに関する調査

4――障害のある子どもへの施策と福祉サービス

（1）「障害者総合支援法」の概要

　障害者への福祉サービスは，地域社会における共生を実現させるという理念のもと，「**障害者総合支援法**」（障害者の日常生活及び社会生活を総合的に支援するための法律）に規定され，実施されている。「障害者総合支援法」は，「障害者自立支援法」を改正したものであり，そのため法律の基本的な構造は同じである。本法の目的として，「障害者及び障害児が基本的人権を享有する個人としての尊厳にふさわしい社会生活を営む」とし，「地域生活支援事業」による支援を含めた総合的な支援を行うことも明記された。対象となる障害者の範囲は，身体障害者，知的障害者，精神障害者（発達障害を含む）に加え，難病等が追加され，症状が安定しないものも障害福祉サービスを利用できるようになった。また難病等の範囲が指定され，2015（平成27）年7月時点では332疾

患が対象となっている。「障害者総合支援法」による総合的な支援は，自立支援給付と地域生活支援事業で構成されている。

（2）障害のある子どもを対象としたサービスについて

障害のある子どもを対象としたサービスに関して，以下，全国社会福祉協議会のパンフレットをもとに解説する[2]。

障害のある子どもを対象としたサービスは，施設入所等は「児童福祉法」によって，児童デイサービス等の事業関係は「障害者自立支援法」，重症心身障害児（者）通園事業は予算事業に基づいて実施されてきた。これらは2012（平成24）年より「児童福祉法」に一本化され，体系も再編されることとなった。

障害児通所支援を利用したいと考えた場合，保護者は市町村に障害区分の認定に関する申請をし，サービス等利用計画を経た後，支給決定を受け，利用する施設と契約を結ぶ。市町村も障害児通所支援サービスを担っている。障害児通所支援には，児童発達支援，医療型児童発達支援，放課後等デイサービス，保育所等訪問支援がある。

障害児入所支援を利用する際には，児童相談所に申請を行う。入所施設の種類には，福祉型障害児入所施設と医療型障害児入所施設がある。

1）「児童福祉法」による障害児を対象としたサービスの概要

① 障害児施設

障害児施設は，通所による支援（障害児通所支援（**児童発達支援センター**））と入所による支援（障害児入所支援（**障害児入所施設**））に大別される。通所形態で支援が行われる児童発達支援センターは，地域の障害児支援の拠点とされており，「地域で生活する障害児や家族への支援」，「地域の障害児を預かる施設」といった地域支援を行っている。また，医療の提供の有無により，**福祉型児童発達支援センター**と**医療型児童発達支援センター**に分かれている。

また，児童発達支援事業も行われている。児童発達支援事業とは，通所利用の未就学児に対して療育の支援をする場である。都道府県は「障害児入所支援」を行っており，障害に応じた適切な支援を受けられる施設を提供し，**福祉型障害児入所施設**と，医療を提供する**医療型障害児入所施設**に分かれている。

また，通所サービスの実施主体が2012（平成24）年より市町村に移行したこ

とにより，居宅サービスと通所サービスを一体的に利用できるようになった。

②　放課後等デイサービス，保育所等訪問支援

放課後等デイサービスは，学校就学中の障害のある子どもに対して，放課後や夏休み等の長期休暇中，生活能力向上のための訓練などを継続的に提供する場である。学校教育とともに障害児の自立を促進する目的をもち，同時に放課後などの居場所づくりを進めている。

保育所等訪問支援では，保育所等を現在利用している障害のある子どもや，今後利用する予定の障害のある子どもに対して，訪問により，保育所等における集団生活に適応するための専門的な支援を提供することで，保育所等の安定した利用を促進することを目的としている。

③　在園期間の延長措置の見直し

障害のある18歳以上の者に対し，「障害者総合支援法」に基づき障害福祉サービスが提供される。その中で，現在入所している者が18歳以上になったとしても退所させられないような配慮がなされている。

その他にも短期入所，生活介護，療育介護などのサービスがある。短期入所は，家族の病気や介護疲れ，あるいは家族の旅行などの理由によって，短期間の宿泊において，食事，入浴，排泄などの必要なサービスを行う。生活介護は主に昼間，食事，入浴，排せつ等の介護や創作的活動や生産活動などを提供している。療養介護とは，長期間医療的ケアが必要な上に，常時の介護を必要とする人に対して，日中の機能訓練や日常生活上の介護を提供することである。

2）相談支援について

障害児相談支援事業として，「**障害児支援利用援助**」は障害児通所支援の申請にかかわる支給決定以前に，障害児支援利用計画案を作成し，支給が決定した後に，サービス事業者等と連絡調整などを行い，障害児支援利用計画の作成を行う。また「**継続的障害児利用援助**」では，支給の決定されたサービス等の利用状況を検証し，サービス事業者との連絡調整を行い，継続的に支援を行う。

3）地域生活支援事業について

障害のある人が，基本的人権を享有する個人としての尊厳にふさわしい日常生活または社会生活を営むことができるよう，住民に最も身近である市町村を中心としての事業が実施されている。地域で生活する障害のある人のそれぞれ

のニーズをふまえ，また地域の実状に応じた取り組みを行う。市町村事業は，障害者に対する理解を深めるための研修や啓発事業を行う。また相談支援，意思疎通支援，日常生活用具の給付，移動支援などを行っている。

4）難病患者のための支援について

2014（平成26）年「児童福祉法の一部を改正する法律」により，小児慢性特定疾病の患児に対する医療費助成が法定化され，2015（平成27）年から施行されている。「身体障害者福祉法」による施策の対象とならない小児慢性特定疾患患児に対して，特殊寝台等の日常生活用具を給付し，日常生活の便宜を図ることを目的とした制度である。対象品目については，便器，特殊マット，特殊便器，特殊寝台，歩行支援用具，入浴補助用具，特殊尿器，体位変換器，車いす，頭部保護帽，電気たん吸引器，クールベスト，紫外線カットクリーム，ネプライザー，パルスオキシメーターなどがある。

また「小児慢性特定疾病児童等自立支援事業」として，小児慢性特定疾患にかかっている子ども等に対し，医療に加え，相談支援，社会参加に関する支援といった総合的な支援を行うことで，自立への支援が行われている。

（3）経済的支援について

障害のある子どもに対する経済的支援としては，養育医療，自立支援医療，特別児童扶養手当などがあげられる。

養育医療は，「母子保健法」第20条に基づき，1歳未満の未熟児で入院が必要な場合，医療費の一部を所得に応じて公費によって支援が得られる。

自立支援医療（育成医療）は，「障害者総合支援法」第6条で規定された自立支援給付における自立支援医療費である。身体障害のある子どもの健全な育成を図るために，その子どもに対し生活の能力を得るために必要な医療に対して，その治療の一部を支給する。

また，20歳未満の重度，身体に中程度の障害のある子どもの養育者に**特別児童扶養手当**が支給される。特別児童扶養手当は，「精神または身体に障害を有する児童」を監護している父親または母親（父母がいないか監護していない場合には，その児童と同居し監護し生計を維持しているもの）に対して支給される。支給される手当の月額は，1級（重度）の障害児一人につき5万2,200

円，2級（中度）の障害児一人につき3万4,770円である（平成31年4月より）。

　障害児福祉手当は，20歳未満であり，重度の精神または身体に障害を有し，日常生活において常時の介護を必要とする在宅の重度障害児を対象とする手当である。特別児童扶養手当および障害児福祉手当は一定以上の所得がある場合など支給されないことがある。

5——より充実した福祉サービスに向けた法改正

　2011（平成23）年には「障害者基本法」が改正され，第17条において，国，地方公共団体は「障害者である子どもが可能な限りその身近な場所において療育その他これに関する支援を受けられるよう必要な施策を講じなければならない」「療育に関し，研究，開発及び普及の促進，専門的知識又は技能を有する職員の育成その他の環境の整備を促進しなければならない」と規定された。さらに2013（平成25）年の第3次障害者基本計画では，障害のある子どもとその家族全体を含め，すべての子ども，子育て家庭を対象とし，地域で子ども・子育て家庭を対象に給付その他の支援を可能な限り講じるとともに，教育・保育を障害のある子どもが円滑に利用できるようにするために必要な支援を行うことが明記された。

　また新しく2016（平成28）年「障害者の日常生活及び社会生活を総合的に支援するための法律及び児童福祉法の一部を改正する法律」では，新設された児童福祉法第56条の6第2項の規定により，地方公共団体は人工呼吸器を装着している障害児その他の日常生活を営むために医療を要する状態にある障害児（以下，**医療的ケア児**という）の支援に関する保健，医療，障害福祉，保育，教育等の連携の一層の推進を図るよう努めるとされた。

　医療技術の進歩などを背景に，新生児集中治療室（NICU）等に長期間入院した後に，人工呼吸器や胃ろう，たんの吸引，経管栄養などの医療的ケアが必要な障害児（医療的ケア児）が増加している。このような医療的ケア児が在宅で生活していくためには，心身の状況に応じて，保健，医療および社会福祉だけでなく，保育，教育等における支援も重要であるとし，関係機関が利用者目線で緊密に連携して対応していく必要性が示された。保育所等における保育に

関しては，保育所は保護者が就労している場合など保育を必要とする子どもに対して一般的に提供されるものとし，医療的ケア児についてもそのニーズを受け止め，対応していくことが求められている。

また，「子ども・子育て支援法」に基づく基本指針において，障害，疾病など社会的支援の必要性が高い子どもやその家族を含め，すべての子どもや子育て家庭を対象に，一人ひとりの子どもの健やかな育ちを等しく保障することを目指すことをふまえ，保育所，幼稚園，認定こども園等においても，医療的ケア児のニーズを受け止め，対応を図っていくことの重要性が示された。

6──障害のある子どもと家族への支援について

子どもの障害が明らかになることは，家族にとって大きな心理的なショックをもたらす。また，障害のある子どもをもつ親は，身体的・精神的・経済的負担が大きいことも知られている。特に親が子どもの障害を十分に受容できていない場合は親の心理的負担が大きいため，保育者は家族の気持ちに寄り添い，それぞれの家族の受容を支えていく必要がある。

また家族の支援の中でも，障害のある子どもの**きょうだい**への支援も必要である。家族に障害のある子どもがいる場合，そのきょうだいはいろいろな場面で同年齢の子どもとは異なる経験を余儀なくされる。子どもの障害が重い場合や，重篤な病気や障害を併せ持っているケースの場合などでは，親はきょうだいのことが気になっても，十分に手をかけられなくなってしまうことも少なくない。そのためきょうだいは，自分がしっかりしなくてはといった気持ちが強くなったり，親に甘えたいといった当たり前の感情を抑えてしまったりする傾向がみられる。そのため保育者は，さまざまな障害のある子どもの状態を理解し，その子どもの発達を支援するだけでなく，障害のある子どもの家族やきょうだいに対しても支援を行う重要な役割が求められている。

障害のある子どもへの支援は障害の程度や発達段階に応じた個別支援計画に基づき，それぞれの子どもに合ったサービスの利用が求められるのと同時に，その家族への支援の目が重要である。また子どもが発達上の問題を抱えている場合には，子どもの発達段階に合わせた遊びを園等で行っていくことが必要で

ある。発達障害などは，発達障害といった視点だけで見るのではなく，子どもの発達に合わせて人との関係性を育てていくことが重要になる。そのためには子どもや家族に対して何ができ，何を伝えられるか考えていくことが保育現場で求められる子育て支援といえる。

　しかしながら注意しなくてはならないのは，障害があったとしても子どもであることにはかわりはないという点である。障害がある場合，健常児と比較し，発達の遅れや障害の部分に目が向きがちである。そのため遅れや障害の克服や軽減することが療育の目標となりやすい。しかし障害の有無以前に一人の子どもであり，一人の子どもとしていかにその生活を楽しく，生き生きと充実して過ごしていけるかを考えることが重要である。障害の有無にかかわらず，子どもは生涯，発達していく存在であることを意識してもらいたい。

　「児童福祉法」の改正により，新たに医療的ケアの必要な子どもたちが「医療的ケア児」と定義され，今後の保育現場には医療的ケアが必要な子どもたちが通ってくることが予期される。保健，医療，福祉，教育などの関係者や関係機関と連携していくことがより一層求められる。また，さまざまな障害を理解し対応できる保育者が一層必要となる。

●演習コーナー●
・障害のある子どもには，どのような福祉サービスが必要であろうか。
・保育者として障害のある子どもの家族へどのような支援ができるだろうか。

引用・参考文献
1）文部科学省ホームページ（特別支援教育について）
2）全国社会福祉協議会：障害福祉サービスの利用について（平成27年4月版），2015，pp. 6〜10
・大豆生田啓友・三谷大紀編：最新保育資料2019，ミネルヴァ書房，2019
・森上史朗・柏女霊峰編：保育用語辞典 第8版，ミネルヴァ書房，2015

第Ⅰ部　子ども家庭福祉の今を学ぶ

第6章　子どもの行動に関する問題

1――子どもの行動

皆さんは,「売り言葉に買い言葉」という言葉を聞いたことはないだろうか。相手からの強い言葉に対して，自分自身も同じように言い返すことである。これが何度も相手との間で繰り返されてことばがエスカレートしてしまう。皆さんにも経験がないだろうか。

たとえば，部屋を散らかしてしまったので片付けようとしたところ,「早く片付けなさい」と家族に強い口調で言われた。今やろうと思っていたところに強い口調で言われたので腹が立って「今やろうとしていたのに」と，同じように強い口調で言い返した。すると,「やろうとしていたと言うけれど，何もしていないじゃないの」とまた強い口調で言われる。このような言葉のやりとりが繰り返されてけんかに発展してしまう。

このようなやりとりが繰り返されるのを図式化したものが図６―１である。このように，原因と結果が円のように繰り返されることを，心理学の中でも，特に家族や家庭の問題を取り扱う家族心理学の中では，**円環的因果律**と呼んでいる。一方，図６―２のように，原因と結果が，一直線的に結ばれることを**直線的因果律**と呼んでいる。この考え方は，家族心理学の領域だけではなく，子どもや家庭・家族の問題を扱う子ども家庭福祉の領域でも大変重要な視点を与えてくれるものである。

結果＝原因　→　結果＝原因
↑　　　　　　　　　　　↓
原因＝結果　←　原因＝結果

図6―1　円環的因果律

原因　→　結果

図6―2　直線的因果律

　つまり，家庭内や社会での子どもの問題行動には，行動の原因とその結果が一直線的に結ばれるものではなく，周囲のさまざまな人的環境や物的環境とお互いやりとりする中で生じたものであると考えることができる。このように，子どもの問題行動に対応するためには，子ども自身と向き合うだけではなく，これまでその子どもとかかわってきた家族・家庭といった人的環境や，衣食住といった物的環境を調査し，円環的なやりとりが行われた際に問題行動とならないように環境を整えることが必要となる。

　少年非行，不登校といったような問題は，その問題や子どもに目が向いてしまうが，子どもを取り巻く環境にも目を向けることが必要である。本章では，子どもの行動に関してどのような問題があるのかを整理し，その定義や状況，そして子ども家庭福祉領域における対応について説明する。

2──心理的な問題への対応

（1）心理的な問題とは

　心理的な問題を抱え，生活する上でさまざまな困難が生じる子どもたちがいる。保護者による虐待，家庭や学校での人間関係などの原因により，心理的に不安定な状況になり，「人が怖い」「消えたい」「どうなってもいい」といった感情が浮かび上がるのである。こうした感情によって，社会生活が困難になったり，生きづらさを感じたりするのである。このような状態は「**情緒障害**」と呼ばれることがあり，以下のように定義されている。なお，「情緒」とは何らかの出来事で引き起こされる感情変化のことである。

厚生労働省の情緒障害

　家庭，学校などでの人間関係のゆがみによって感情生活に支障をきたし，社会適応が困難になった児童のうち，身体的疾患や知的障害（精神遅滞）など原因がある児童や，自閉症・自閉傾向の強い児童を除いた以下の行動がみられる児童。

　　①非社会的行動…不登校，かん黙，ひきこもり，引っ込み思案など

　　②反社会的行動…いじめ，反抗，怠学，盗み，授業妨害など

　　③神経性習癖…夜尿，吃音，チック，拒食など

文部科学省の情緒障害

　情緒の現れ方が偏っていたり，その現れ方が激しかったりする状態を，自分の意志ではコントロールできないことが継続し，学校生活や社会生活に支障となる状態を情緒障害とする。情緒障害の児童・生徒は特別支援教育の対象とし，発達障害である自閉症などと心因性の選択性かん黙などのある児童・生徒がをその対象となっている。

　情緒障害に用いられている「**障害**」とは，障害児・者の障害とは異なり，「情緒が乱されている」という英語の emotionally disturbance を訳したものである。しかし，心理面で何かが欠けているかのような誤解を生じることがあった。こうした経緯から，次の項目で説明する「児童心理治療施設」は，2017（平成29）年の「児童福祉法」改正まで「情緒障害児短期治療施設」とされてきた。福祉の現場では「情緒障害」を用いる頻度は徐々に少なくなっているが，教育の現場では継続使用される場面もあるため，覚えておくとよい。

（2）児童心理治療施設

　心理的な問題をもつ子どもへの対応は，児童相談所のほか，先述の「児童心理治療施設」等が実施している。心理的治療が必要な児童を，入所または保護者のもとから通わせ，治療と支援を実施しているのである。また，あわせて退所した者の相談やその他の援助を行うことを目的としている。子どもに対する心理治療を行うとともに，子どもを含めた家族・家庭に対して**家族療法**を行うこともある。このような支援を通じて，家族の機能の回復を図り，児童が家庭に戻って生活できるよう，環境の調整を行っている。

　1994（平成6）年まではおおむね12歳未満の子どもを対象としていたが撤廃され，満20歳まで入所期間を延長できるようになった。2018（平成30）年3月末現在，全国で46施設あり，入所児童数は1,280人となっている。入所児は，被虐待児が7割を超え，また広汎性発達障害を疑われる子どもが全体の約3割となっている。47都道府県のうち未設置のところもあり，「**健やか親子21**」において，全都道府県に設置することが目標とされている。

3──少年非行への対応

（1）少年非行とは

　少年非行とは，少年が起こす非行のことである。また，非行少年とは，非行を行っている少年である。少年非行については，年齢と非行の内容によって大きく対応が異なり，「**児童福祉法**」に基づいた福祉的対応と，「**少年法**」に基づいた対応に分かれる。非行少年は「少年法」に次のように定められている。

　触法少年：14歳に満たない者で，刑罰法令に触れる行為をした者

　犯罪少年：14歳以上20歳未満の者で，罪を犯した者

　虞犯少年：将来罪を犯したり，刑罰法令に触れるおそれのある少年

　上記の非行少年のうち，家庭環境に問題があり，それが原因で非行を行った少年と，年齢が比較的低い少年などは，「児童福祉法」に基づいた措置が行われる。措置とは，行政処分の一種である。処分という表現はものものしいが，この場合は援助が必要な非行少年に対して，「児童福祉法」上の援助を実際に行うために行う行政手続きや，実施された援助を指すものである（図6─3）。

　一方，「少年法」に基づく対応の場合は家庭裁判所への通告が行われるが，「児童福祉法」に基づく措置が適切な場合（少年法18条の1）や，児童自立支援施設等への送致（少年法24条）が行われる際には，児童相談所に送られる。

（2）少年非行の実態

　非行少年の補導件数については，表6─1のような推移になっている。虞犯少年は2013（平成25）年以降微増しているが，その他については全体的に減少傾向である。

（3）福祉的な対応

　少年非行に対する福祉的な対応については，市町村の児童家庭相談援助，児童相談所，児童自立支援施設などがある。

　市町村児童家庭相談担当部署における支援では，基本的に不良行為のある児童，虞犯行為のある児童，14歳未満の触法行為のある児童が相談対象となる。

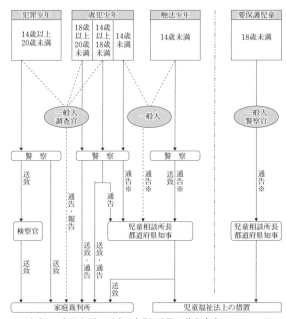

（出典）内閣府編：平成28年版 子供・若者白書，2016，p.97

図6－3　少年事件処理手続概略図

表6－1　非行少年等の補導状況の推移

	平成25年 （'13）	26 （'14）	27 （'15）	28 （'16）	29 （'17）	30 （'18）
刑法犯少年	56,469	48,361	38,921	31,516	26,797	23,489
特別法犯少年	5,830	5,720	5,412	5,288	5,041	4,354
触法少年（刑法）	12,592	11,846	9,759	8,587	8,311	6,969
触法少年（特別法）	941	801	800	743	730	633
虞犯少年	959	1,066	1,089	1,064	1,107	1,150
不良行為少年	809,652	731,174	641,798	536,420	476,284	404,754

（出典）警察庁：平成30年中における少年の補導及び保護の概況，2019，p.1を元に筆者が加筆修正

（4）不良行為相談

　不良行為とは，飲酒，喫煙，家出や深夜徘徊など，刑罰法令にも虞犯行為に
も当たらない非行を指す。不良行為は，これを繰り返し行うことにより非行を
深化させ，犯罪行為等に発展する危険があるので，早期対応が大切である。相

談の過程で触法行為や虞犯行為を行ったことが判明し，専門的な対応が必要な場合は児童相談所と十分協議し送致する。また，犯罪行為を行ったことが判明した場合には，警察と協議し対応する。

（5）虞犯相談

　虞犯行為とは，家出や深夜徘徊を繰り返す，暴走族や暴力団関係者などとの交際，いかがわしい場所への出入り，性的逸脱など，将来刑罰法令に触れる行為を行う危険のある問題行動である。

　指導困難なケース，一時保護，心理・医学等の判定，施設入所を必要とするなど，より高度で専門的な対応が必要な場合には，児童相談所に送致する。また，犯罪行為を行っていたことが判明した場合等には，警察と協議し対応する。

（6）触法相談

　触法行為とは，刑罰法令に触れるものの，当該児童が14歳未満であるため刑事責任が問われない行為を指す。児童が14歳以上であれば犯罪行為となるため，警察や家庭裁判所が対応する。触法行為に関する相談は，家族と協力の上で再発防止に努める。虞犯相談と同様に，より高度で専門的な対応が必要な場合には，児童相談所に送致する。また，共犯者がいることが判明した場合等には，警察と協議し対応する。

（7）児童相談所における支援

　児童相談所に相談・通告があった場合は，児童相談所において調査・判定が行われる。それに基づいて，次のような方法がとられる。

　・児童や保護者を訓戒し，または誓約書を提出させる。
　・児童福祉司，社会福祉主事，児童委員などに指導させる。
　・里親に委託，または児童自立支援施設などに入所させる。
　・家庭裁判所に送致する。

　2017（平成29）年度中に児童相談所で対応した非行関係の対応件数は1万4,110件であった。前年度より288件，2％減少した。

（8）児童自立支援施設における支援

児童自立支援施設は，不良行為を行う，またはそのおそれのある子どもや，家庭環境その他環境上の理由により，生活指導等を必要とする子どもを入所，あるいは保護者の下から通わせ，個々の子どもの状況に応じて必要な指導を行い，その自立を支援し，あわせて退所した者について相談その他の援助を行うことを目的とした施設である。1997（平成9）年の「児童福祉法」改正までは名称を**教護院**としていた。これは，入所者を教育・保護する目的であったものが，家庭環境の調整や退所者への支援を行う自立支援を施設の目的とした規定が加わり，施設名称が変更された。保護者のネグレクトなどによる家庭環境の問題から，基本的生活習慣が身についていない子どもも対象者となっている。教護院時代には施設内において学校教育に準ずる教育が行われてきたが，分校・分教室を設置する方法に変更され，学校教育が行われることとされている。2018（平成30）年3月末時点で，国立武蔵野学院，国立きぬ川学院のほか58施設あり，定員は3,637人，現員は1,309人である。

4──不登校，ひきこもり，ニートへの対応

2008（平成20）年，「青少年育成施策大綱」が策定された。この大綱では4つの重点課題が掲げられたが，中でも「困難を抱える青少年の育成を支援するための取組」は注目すべき課題である。ひきこもりやニートといった社会的自立が困難な青少年が多くなり，社会問題化している。こうした自立に関する問題の背景に，不登校やいじめ，中途退学といった学校段階でのつまずきを含むさまざまな問題が複合的に存在していることが指摘されている。そのため，困難を抱える青少年を総合的に支援するために，乳幼児期，学童期，思春期，青年期及びポスト青年期という段階を設け，関係各省庁・機関が連携し適切に支援することとしている。

（1）不 登 校
1）不登校の状況

不登校は上で述べたように，学校段階でのつまずきとして，社会的自立の困

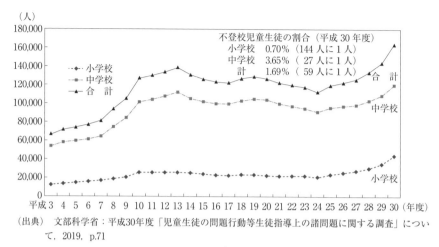

（出典）　文部科学省：平成30年度「児童生徒の問題行動等生徒指導上の諸問題に関する調査」につい
　　　　て，2019，p.71

図6—4　不登校児童生徒の割合推移

難につながる要因の1つとして挙げられている。文部科学省は，**不登校の児童
生徒**を「何らかの心理的，情緒的，身体的あるいは社会的要因・背景により，
登校しない，あるいはしたくともできない状況にあるため年間30日以上欠席し
た者のうち，病気や経済的な理由による者を除いたもの」と定義している。
2018（平成30）年度間の不登校児童生徒は，小学校で4万4,841人，中学校で
11万9,687人であった（図6—4）。

　近年注目されているのは，中学校において不登校であった生徒のその後であ
る。不登校は学校段階における大きなつまずきであり，社会的自立に困難を抱
える青年となる要因と考えられている。義務教育終了後に進学も就職も行わな
い場合，社会との接点が極端に少なくなる可能性もある。その場合，相談支援
サービスやその施設・機関の情報が届きにくくなったり，行政側も困難を抱え
る青年の存在やその情報が入りにくくなる。現状を変えたいと思うニーズに対
する支援体制があるにもかかわらず，支援や適切な情報提供ができず，青年や
家族が孤立する危険性がある。そのため，不登校を予防し，不登校になった場
合には早期解決を行うことが重要であるが，義務教育終了後に進学も就職も行
わないことが予想される場合は，学校教育から切れ目のない支援を行うため
に，本人や家族の理解と同意を得ながら事前に施設・機関と連携したり，相談

支援サービスの情報提供を行ったりすることで，適切な支援が受けられ，自立できるようにする必要がある。なお，2019（令和元）年の文部科学省の通知では，「学校に登校する」という結果のみを目標にはしないことという視点が示されている。

2）不登校における児童福祉分野での対応

市町村児童家庭相談担当部署で不登校相談を受け付けた場合は，教育機関と十分な連携をとり，地域での支援の可否について判断し，より高度な専門性が必要な場合は児童相談所に送致する。

児童相談所では，市町村児童家庭相談からの送致を受けたり，また保護者等から直接相談を受け，一時保護や心理・医学面等での判定や施設入所など，専門的な立場で対応を行っている。2014（平成26）年度に受けた不登校にかかわる相談は5,984件であった。このうち面接指導を行った件数は5,662件であり，他機関に斡旋した件数は120件，児童福祉施設への入所は49件であった。

このほか，精神保健福祉センター，保健所，福祉事務所，児童委員，卒園した保育所への相談も行われ，幅広い福祉分野の施設・機関等への相談が行われている。文部科学省の所管においては，スクール・カウンセラー等の配置，スクール・ソーシャルワーカー活用事業等が実施され，中学校を中心にスクール・カウンセラーやスクール・ソーシャルワーカーの配置が進んでいる。学校内でのカウンセリングやソーシャルワークは，不登校児童・生徒に対する心理面でのかかわりや支援だけではなく，家族や学校，地域との関係を調整し，関係する施設・機関と連携しながら，抱えている問題の解決を図るものである。

（2）ひきこもり

ひきこもりは，近年社会問題化しており，厚生労働省における関連施策は2009（平成21）年から始まっている。内閣府では，2010（平成22）年2月，15〜39歳を対象に「若者の意識に関する調査（ひきこもりに関する実態調査）」を実施した。「ふだんは家にいるが，近所のコンビニなどには出かける」「自室からは出るが，家からは出ない」「自室からほとんど出ない」という狭義のひきこもりが約23万6,000人おり，「ふだんは家にいるが，自分の趣味に関する用事のときだけ外出する」という準ひきこもり約46万人を加えると，合わせて広

義のひきこもりが69万6,000人という結果が出ている。

　ひきこもりは，単一の疾患や障害といった概念ではなく，さまざまな要因が背景になって生じたものである。不況などを背景としたさまざまな要因から中高年になってひきこもりを始めたり，少年期にひきこもってから長い年月が経ち中年期にさしかかろうとしている場合もある。そのため厚生労働省の所管においても子ども家庭福祉分野，精神保健分野，地域福祉分野といった幅広い分野の連携が必要になっている。精神保健福祉センターや保健所においては，ひきこもりの相談を行っている。児童相談所においては，学生ボランティアを家庭に訪問させる「ふれあい心の友訪問援助事業」や，集団生活指導・心理療法を行う「ひきこもり等児童宿泊等指導事業」を実施している。また，2009（平成21）年度から，ひきこもりに特化した第一次相談窓口として「ひきこもり地域支援センター」を順次都道府県・指定都市に設置し，2013（平成25）年度から「ひきこもり支援に携わる人材の養成研修・ひきこもりサポート事業」を開始した。市町村における支援については，児童家庭相談担当部署で相談を行い，助言・指導や地域の子育て支援で援助が可能な場合に対応している。しかし，年齢が高く長期化しているケースの場合，高度で専門的な対応が必要なことから児童相談所や精神保健福祉センターに引き継いでいる。

（3）ニ ー ト

　ニートとは非労働力人口（15歳以上で，仕事をしている人または仕事を探している人以外の人口）のうち，15〜34歳に限定し，家事も通学もしていない人のことをいう。ニートも社会的自立ができない青少年として対策が急務である。総務省による2018（平成30）年の労働力調査では，約53万人とされている。内訳は，15歳から19歳が7万人，20歳から24歳が14万人，25歳から29歳までが14万人，30歳から34歳までが17万人であった。ニートの背景には，さまざまな要因があると考えられる。義務教育終了時点で不登校であった青年が求職も家事も通学もしていない場合や，高等学校や大学等を中途退学してニートになった場合，また，人間関係がうまく結べない，意識が希薄なまま就職し，退職してニートになった場合もある。雇用情勢が悪化している中で，労働環境や就職活動の厳しさに失望したり，非正規雇用を継続せざるを得ない状況に自信を

失うなど，意欲をもって就業できない社会状況からニートになった場合もある。
　このような中で，学校段階から継続してキャリア教育を行い，勤労観・職業観をもって日々の学習に取り組み，自己の進路を主体的に選択し，社会人・職業人として職場に定着し，自立できるように支援する取り組みが始まっている。また，「若年者のためのワンストップサービスセンター（通称：ジョブカフェ）」では都道府県が主体となって，産業界と学校等が連携しカウンセリングや研修などの一連の就職支援を行っている。各都道府県に設置され，ハローワークを併設して職業紹介やセミナーを実施しているところもある。さらに，年齢枠を45歳までに拡大した「わかものハローワーク」も設置され，若年者を対象として就職支援が行われている。このような状況の中で，「子ども・若者育成支援推進法」が2010（平成22）年4月より施行された。福祉・教育・雇用等の関連する施策の総合的推進を行うとともに，ニートやひきこもりなどの困難を抱える青少年に対して地域の関係機関が連携して支援するネットワークづくりを推進するものである。2016（平成28）年には，「子供・若者育成支援推進大綱」が定められた。すべての子どもや若者が健やかに成長し，もてる能力を生かし自立できる社会の実現を目指すものである。

●**演習コーナー**●
・あなたの地域の不登校問題への取り組みを調べてみよう。
・ニート，ひきこもりの人たちが増えると，社会的にどのような問題が出てくるだろうか考えてみよう。

参考文献

・厚生労働統計協会：国民の福祉と介護の動向，2016／2017，2016
・内閣府：平成28年版子供・若者白書，2016
・厚生労働省：情緒障害児短期治療施設（児童心理治療施設）運営ハンドブック，2014
・厚生労働省：社会的養育の推進に向けて　平成31年4月，2019
・文部科学省：不登校児童生徒への支援の在り方について（通知）令和元年10月25日（元文科初第698号），2019

第7章　子ども家庭福祉の歴史

　本章では，はじめにイギリスとアメリカの子ども家庭福祉の歴史を学ぶ。次に，日本の子ども家庭福祉の歴史を学ぶ。そして最後に子どもの人権の歴史を通しながら，国境の枠にとらわれない子ども家庭福祉の歴史を学ぶ。子どもの人権については第1章で学んだが，その背景には多くの人々の子どもに対する思いがある。本章では子ども家庭福祉の歴史を振り返るが，先人たちの子どもに対する思いを学びながら，自身の子ども観・保育観を養ってほしい。

1──欧米の子ども家庭福祉の歴史

（1）イギリスの子ども家庭福祉の歴史

　中世，地主は土地を所有し，農民を支配していた。農民は土地を所有していないため，地主に厳しい年貢を取り立てられながらも地主を頼らざるを得ず，農民同士でお互いに助け合って生活していた。一方で，地主にとって農民は大切な労働力であったため，飢饉（ききん）などの場合には慈善的に支援も行っていたが，労働力にならない孤児や高齢者・障害者に対しては，教会が慈善活動を行っていた。都市では共同体ギルドが形成され，子どもは5～6歳になると徒弟となって職業訓練を受け，「小さな大人」として扱われていた。

　やがて各地で戦争が起こり，浮浪者や土地を追われる農民が発生し，貧困者が急増した。1500年代中ごろには，物乞（ものご）いをしながら家族で放浪生活を送ったり，人々を怖がらせるような集団が発生したりと，不安定な状況になった。こうした中，「救貧法」と呼ばれる貧困者対策の法律が1531年に制定された。その後，情勢に合わせて改定が重ねられた。特に1572年から1601年までに制定された救貧法は「エリザベス救貧法」と総称されている。教会を中心として行ってきた救貧対策を，国家が実施するという転換を行った。また，貧困者を状況に合わせて次の3つに区別した対策を行った。「労働能力のある者」には道具

や材料を与えて労働をさせ,「労働能力がない者」には金品の給付を実施し,「親に扶養する能力がない子ども」には徒弟を強制したのである。

1760年代に入ると**産業革命**が起こった。製品を作るための工程が手作業から機械に変わったことで効率が上がり,大量生産が可能になったのである。それまで労働者は何年もかけて手作業技術を身につけたが,工場では誰もが簡単に作業できるようになった。子どもは安い賃金で雇われるようになり,劣悪な環境で働いた。こうした状況を受け,1802年に子どもを守るための「**工場法**」(「徒弟の健康および道徳を保護するための法律」)が成立した。就業可能年齢を9歳と定め,18歳までの労働時間を12時間までとしたのである。**ロバート・オウエン**は教育の重要性をふまえ,経営していた工場内に1816年**性格形成学院**を開設した。

ヨーロッパ各地では,フランス革命などにより不安定な状況が続いていた。産業革命によって貧富の差が拡大し,市民は厳しい生活を送っていた。

イギリスでは1834年に「**新救貧法**」が制定された。「新救貧法」は,**劣等処遇の原則**(救済対象者の生活レベルは,最下層労働者より下),**ワークハウス・システム**(施設の中で救済を行う),**全国統一の原則**(全国統一基準による救済)を基本とした。その背景には,救貧制度のために税が大幅に増え,経費節減を実施する意味があった。施設は劣悪な環境にすることで,施設に入る者を抑止させ,勤勉な労働による自立を促す方法がとられた。しかし「貧困は個人の問題」「道徳観の欠陥」などの貧困や救貧に対する考え方への批判が強まり,救貧制度自体の限界が見えるようになってきた。

1850年代,イギリスは繁栄を極めたが,貧富の差がさらに拡大した。そうした中,「富める者は貧しい者に手をさしのべる義務がある」として,救済活動が活発化した。1869年には**慈善組織協会**(**COS**)が設立され,活動が組織化された。一方,オックスフォード大学・ケンブリッジ大学の学生,バーネット夫妻の尽力により建設された**トインビー・ホール**を拠点に,**セツルメント活動**が行われた。セツルメントは,貧しい人々が多い街に住みながら,友人・隣人としての関係を背景に生活改善を図る活動である。COSは「貧困は個人の問題」としたが,セツルメントは「貧困は社会の問題」とした点に違いがある。

1870年には,バーナードが孤児院**バーナード・ホーム**を設立し,「貧しい子

どもは誰でも受け入れる」という基本的姿勢で運営された。1883年にリバプールで児童虐待防止協会が設立され，1889年には「児童虐待防止法」が制定，1906年に「学校給食法」，1907年に「学校保健法」，1908年に「児童法」が相次いで制定された。

　1919年にはセーブ・ザ・チルドレン（児童救済基金）をエグランタイン・ジェブが設立する。第一次世界大戦後に飢えに苦しむ子どもを救うため「私には11歳以下の敵はいない」として，敵の国の子どもも含めた支援を開始した。

　第二次世界大戦中の1942年，戦後の再建について調査・検討した**ベヴァリッジ報告**が公表された。「揺りかごから墓場まで」の一生涯を通して，国が全国民に対して最低生活保障を行う**ナショナルミニマム**は，他の国々にも影響を与えた。1945年に「家族手当法」，1948年に「児童法」などが成立。イギリスは福祉国家のスタートを切った。しかし，世界中を襲った不況に加え，朝鮮戦争が過重な負担になり，制度の見直しを余儀なくされたのである。

　その後，**シーボーム報告**（1968年）などにおいてコミュニティを生かした福祉が提言された。また，1950年代にスウェーデン，デンマークなどで発展した**ノーマライゼーション**の思想も取り入れ，知的な障害のある人々を地域の小規模施設やグループホームへ移行させる**コミュニティ・ケア**が進められた。こうした取り組みが積み重ねられ，1990年に「コミュニティ・ケア法」が制定された。民間業者を活用し，生まれた場所や家族・コミュニティでケアを受けるのである。現在では，ノーマライゼーションからソーシャルインクルージョンの視点により政策が営まれている。

（2）アメリカの子ども家庭福祉の歴史

　イギリスの植民地時代から南北戦争終結まで，奴隷制度が実施され長い間人種問題として尾を引いた。植民地時代に成功を求めて移住したものの，仕事がなく，困窮する人々が増え，教会を単位とした救貧制度を採る地域も出てきたが，独立後は郡を単位とした救貧制度を実施し，教会と分離させた。

　19世紀初頭には慈善事業が活発になり，**AICP（貧民状態改良協会）**や**CAS（児童援護協会）**などが設立された。自身の財産と生命を守る社会をつくることを目的とし，街にいる危険な青少年を中西部の農家に送り込む組織も存在した。

　1873年にはさらに不況が深刻になり，**慈善組織協会**が各地で誕生した。一方，1889年にジェーン・アダムズが**ハル・ハウス**を設立した。アダムズは，トインビー・ホールを訪ね，セツルメントを学んだのである。ハル・ハウスは子どもや移民問題の拠点ともなった。また，1874年にはニューヨークで**児童虐待防止協会**が設立された。1909年に「第1回児童福祉白亜館会議（子どもに関するホワイトハウス会議）」が開催され，「児童は緊急なやむを得ない理由がない限り，家庭生活から引き離されてはならない」という声明が発表された。そして子どもの育成が「未来の国民育成」と位置づけられ，連邦児童局の創設につながった。

　第一次世界大戦後アメリカは好景気であったが，1929年に株価大暴落を受け，**世界恐慌**と呼ばれる大不況が起きた。1933年，大統領に就任したルーズベルトは，国（連邦政府）が積極的に経済を立て直す**ニューディール政策**を行い，失業者対策として公共事業による雇用機会をつくった。貧困者・高齢者・母子家庭などへの支援制度として，1935年に「社会保障法」が成立した。この際，要扶養児童扶助（後に「児童扶養家庭に対する公的扶助」略称 AFDC）制度が開始された。扶養が必要な子どもがいる家族を対象としたものである。

　1960年代には，貧困者が急増した。1962年時点で，全人口の5分の1にあたる3,500万人の貧困者がいた。1964年，リンドン・ジョンソン大統領は貧困と人種的不公平の廃絶を目指し，社会への平等な接続・参加を保証する**機会の平等**を打ち出した。これを受け「公民権法」が制定され，人種や肌の色，宗教，性別，出身国による差別が禁止された。また，食料扶助として**フードスタンプ**（食料が購入可能なチケット）も開始された。さらに，医療費の公費負担として65歳以上の高齢者に対する**メディケア**と，低所得者に対する**メディケイド**が実施された。皆保険制度ではないアメリカでは，貧困者に対する医療が無視できなくなってきたのである。

　1965年，**ヘッド・スタート・プログラム**が開始された。これは低所得家庭の5歳までの幼児と身体障害児を対象に，医療・栄養，教育などを支援し，学校や社会への適応を目指す事業である。調査研究から，低所得家庭の子どもは小学校就学前から学力が低いことと，高校退学率が高いことが明らかになった。こうした低所得家庭の子どもへの支援が不可欠であると判断されたのである。

2──日本の子ども家庭福祉の歴史

（1）明治期以前

　四天王寺（大阪市）という寺院を聖徳太子が593年に建立し，この中に「**四箇院の制**」と呼ばれる制度を設けた。これが日本における救済制度の始まりと言われている。この敷地内に，寺院である敬田院のほか，病院の療病院，薬草を栽培して製薬を行った施薬院，身寄りのない子どもや高齢者のための施設である悲田院の4施設を設けたのである。この取り組みは，仏教的な慈善活動の始まりともいわれている。

　718年には助け合いの制度である戸令が設けられた。これは，高齢者や病気の人，父のいない子どもを近親者が支え，近親者がいない場合は近隣の人々が支えるものであった。この中に入ることができない者に寺院が救済した。こうした助け合いを基本とした制度が長らく続いた。

（2）明治期から第二次世界大戦中（1945〈昭和20〉年）まで

　1871（明治4）年，「**棄児養育米給与方**」が公布された。15歳までの棄児（幼いころに捨てられた子ども）の養育者に対し，毎年米7斗が支給されるものである。経済活動が停滞し，東京では貧民が増加し，生活困窮者や病者などに対応するために1873（明治6）年に**養育院**が設けられ，棄児などの子どもを含めた生活困窮者が収容された。1874（明治7）年に「**恤救規則**」が公布され，貧民政策が内務省の統括となった。身寄りと仕事がない障害者や高齢者，13歳以下の孤児などが対象者となり，孤児に対して米が支給された。

　子どもに特化した施設としては，現在の児童養護施設の起源となる施設の設立が民間の慈善事業家によって行われた。主なものとして，横浜では1872（明治5）年にフランス人修道女のラクロット（または「ラクロ」とも）が**慈仁堂**を設立している。1874（明治7）年には**岩永マキ**らによって浦上養育院が，1879（明治12）年には仏教各宗派を越えた僧侶たちの協力によって**福田会育児院**が設立された。また1887（明治20）年には石井十次によって**岡山孤児院**が設立され，さらに1899（明治32）年には**東京孤児院**が設立された。

1890（明治23）年，**新潟静修学校**に保育施設が設けられた。当時の子どもは重要な労働力であり，特に女児の就学率は伸び悩んでいた。乳幼児を連れて登校を認める「子守学校」の設置も進んだものの，子守は子どもが授業中に行わなければならなかったのである。そこで，子どもが子守で困らないよう，**赤沢鐘美・仲子夫妻**が保育施設を設けた。その後，近所の乳幼児を預かるようになった。この保育施設が日本初の保育所である。

1900（明治33）年には，**野口幽香**と**森島（斎藤）峰**が，貧しい労働者の子どもにこそ教育が必要であると，**二葉幼稚園**を設立した。しかし，当時の幼稚園は裕福な家庭の子どもに保育を行う位置づけであり，貧しい労働者の子どもを対象としていた二葉幼稚園の実態とは大きく離れていた。そのため，1916（大正5）年に名称も**二葉保育園**へ変更した。

1883（明治16）年，大阪の**池上幸枝**が自宅に**感化院**を設立し，1885（明治18）年には**高瀬真卿**が東京に**予備感化院**（翌年に東京感化院と改称）を設立，翌1886（明治19）年には**服部元良**が**千葉感化院**を設立した。1899（明治32）年にはアメリカで感化教育を学んだ**留岡幸助**が，感化院としての活動を始めている。1900（明治33）年には，非行少年の感化院における入所・更生を目的とした「感化法」が制定された。その後，沖縄県を除く各道府県に感化院または代用感化院が設置された。

1897（明治30）年には知的障害児の施設である**滝乃川学園**を**石井亮一**が開設した。石井亮一は，1891（明治24）年に孤児を対象とした東京救育院を運営していたが，同年発生の濃尾地震を発端に女子が身売りされていることを知り，孤女学院を設立する。この中に知的に障害のある子どもがいたことがきっかけになり，知的障害に関心をもち，研究を重ね，1897（明治30）年に「滝乃川学園」へと名称を変更し，知的障害児を専門とする施設へ移行した。

1937（昭和12）年には13歳以下の子を養育する母で配偶者を欠き，生活あるいは養育できない場合を救済対象とする「母子保護法」が制定され，また1938（昭和13）年には「社会事業法」が制定された。1941（昭和16）年1月にスローガン「産めよ，増やせよ」が閣議決定されている。機械化が遅れていた状況で，人は何物にもかえられない重要な資源であった。同年12月，日本はアメリカと戦争状態に入る（第二次世界大戦・太平洋戦争）が，資源が乏しく高度

な武器がない日本にとっては，人的資源が不可欠であった。こうした背景により，急速に福祉・医療政策の整備が進められたのである。

　一方，1942（昭和17）年には，**整肢療護園**が開園する。開園に携わった**高木憲次**は肢体不自由者の調査を行った際，治療に専念すれば教育の機会を失い，教育を受ければ治療の機会を失う実態を知り，治療と教育を同時に受ける「教療所」の必要性を主張した。

（3）終戦（1945〈昭和20〉年）から1988（昭和63）年

　1945（昭和20）年8月に終戦を迎えた。空襲を受けた地域を中心に，戦災孤児と呼ばれる身寄りのない子どもたちが食うや食わずの生活を送り，中には犯罪に手を染める者もいた。保護対策は効果が上がらず，施設も戦災により減少していたため，戦災孤児を十分に保護することができていなかった。一方，1946（昭和21）年には，**糸賀一雄**が児童養護施設と知的障害児施設の機能をもつ**近江学園**を設立した。糸賀は1963（昭和38）年に重症心身障害児施設である**びわこ学園**も設立し，子ども自身が輝く素材であり，この素材をさらに輝かそうと「この子らを世の光に」の言葉を象徴として，精力的に活動した。また1946（昭和21）年には，「**日本国憲法**」が公布された。この憲法公布に先立ち，同年に「生活保護法」が公布・施行されたが，保護の対象を制限したものであった。そのため，憲法第25条の「生存権」に基づき，対象者の制限を廃止し，扶助の内容も強化した形で1950（昭和25）年に全面改正された。「生活保護法」も制定されたが，統合される形で「母子保護法」が廃止されている。

　1947（昭和22）年には「児童福祉法」が制定された。「児童福祉法」はすべての子どもを対象としたが，当時は戦災孤児対策が最重要課題であった。1951（昭和26）年には**「児童憲章」**が制定される。「日本国憲法」，「児童福祉法」，「児童憲章」の制定を通して，日本は戦前の「産めよ，増やせよ」から決別し，子どもを愛護する対象として位置づけたのである。一方，「児童福祉法」が成立したことを受け，1933（昭和8）年成立の「児童虐待防止法」が「児童福祉法」に統合される形で廃止された。1947〜49年頃は毎年の出生数約270万人，合計特殊出生率は4.3を記録し，第1次ベビーブームと呼ばれた。

　1949（昭和24）年には**「身体障害者福祉法」**が制定された。「生活保護法」

「児童福祉法」「身体障害者福祉法」の3つの法律は「**福祉三法**」と呼ばれ，福祉における主要な法律との位置づけがなされた。

1951（昭和26）年に社会福祉事業法が制定された。1959（昭和34）年成立の「国民年金法」により，すべての国民が年金に加入する**皆年金制度**へ移行した。また，1958（昭和33）年成立の「国民健康保険法」により，すべての国民が医療保険に加入する**皆保険制度**へ移行した。

1960（昭和35）年には「**精神薄弱福祉法（現・知的障害者福祉法）**」が，1963（昭和38）年には「**老人福祉法**」が制定された。翌1964（昭和39）年，母子家庭に対する抜本的な支援が必要なことから，「**母子福祉法（現：母子及び父子並びに寡婦福祉法）**」が制定される。これらは，先の「福祉三法」と合わせて「**福祉六法**」と呼ばれる重要な位置づけになっている。1965（昭和40）年には，「**母子保健法**」も制定され，母を守ることで子どもが健やかに生まれ，育つための基盤が整備された。

1964（昭和39）年に重度精神薄弱児扶養手当が成立した。これは，先の「精神薄弱福祉法」の成立を受け，家庭で重度の知的障害児を扶養している者を対象としたもので，のちに，1966（昭和41）年に「特別児童扶養手当法」となり，さらに現在では「**特別児童扶養手当等の支給に関する法律**」へと名称が変更され，対象者の範囲も拡大している。

1971（昭和46）年，「**児童手当法**」が施行された。これに加え「児童福祉法」「児童扶養手当法」「特別児童扶養手当法（現：特別児童扶養手当等の支給に関する法律）」「母子福祉法」「母子保健法」の6つは「**児童福祉六法**」と呼ばれ，児童家庭福祉の重要な法律と位置づけられた。第1次ベビーブーム後，出生数，合計特殊出生率とも減少したが，1957（昭和32）年に底を打ち，徐々に上昇，1971〜74年には第2次ベビーブームを迎える。第1次ベビーブームで誕生した子どもが成人し，出産する人々が増えたのである。出生数は約200万人，合計特殊出生率は2.1であった。

1981（昭和56）年，「母子福祉法」は改正され「**母子及び寡婦福祉法（現：母子及び父子並びに寡婦福祉法）**」となった。母子家庭の子どもが成人した後，母親が引き続き困窮した状況が多いことから「寡婦」にも対象を広げたのである。

（4）平成期・・・1989（平成元）年から現在

　1989（平成元）年，「児童の権利に関する条約（子どもの権利条約）」が国連で採択され，日本は1994（平成6）年に批准した。こうした中で合計特殊出生率が1989（平成元）年に当時の過去最低値1.57を記録し，「**1.57ショック**」として取り上げられ，少子化が国民に認識されるようになった。子どもを生み，育てやすい環境に向けた対応が検討され，子育て支援などの対策が採られるようになった。一方，「子どもの権利条約」では，子どもの養育と発達は父母・保護者が第一義的責任を負うとしながらも，国が父母・保護者に対して適切な援助を与えると規定しており，条約批准に向けた対応と少子化対策の両面から子育て支援を行う必要が出てきた。1994（平成6）年には「今後の子育て支援のための施策の基本的方向について」（通称：**エンゼルプラン**）が策定された。その実施をふまえ，1999（平成11）年には「少子化対策推進基本方針」の策定と，これに基づく「重点的に推進すべき少子化対策の具体的実施計画について」（通称：**新エンゼルプラン**）が策定された。

　1997（平成9）年，「児童福祉法」の改正により，保育所入所が措置制度から，選択利用制度となった。また，1999（平成11）年には，「保母」の名称が「保育士」へ変更された。

　1999（平成11）年，「社会福祉基礎構造改革について」が取りまとめられた。深刻な少子高齢化の推計から，財源不足が予想されることから，体力のあるうちに福祉サービスの基礎を改善しようとするものである。これをふまえ，社会福祉制度の基本的な枠組みを定めていた「社会福祉事業法」を改正する形で，翌2000（平成12）年に「社会福祉法」が成立した。同年には，児童虐待の社会問題化を背景として「**児童虐待の防止等に関する法律**（略称「児童虐待防止法」）」が制定された。児童虐待への対応については「児童福祉法」に規定されていたが，国民への周知が十分になされているとはいえず，有効に活用されていない状態であった。そこで，虐待の定義の明確化や対応機能の強化などを図り，関係者や国民への啓発を含む意味での法の制定となった。この頃，児童虐待の相談件数が増加し，「児童福祉法」のみでは対策が難しくなったのである。2001（平成13）年，「児童福祉法」が改正され，「保育士」が名称独占となり，資格をもっていない者が保育士を名乗ることはできなくなった。

　わが国の離婚件数は1996（平成8）年以降，毎年20万件を超えるようになり，父子家庭も増加傾向にあった。父子家庭も母子家庭同様に経済的問題などを抱え，こうした背景により，2003（平成15）年，「母子及び寡婦福祉法」の名称はそのままに，支援対象を父子家庭まで拡大させた。子どもの貧困対策も取り入れたひとり親家庭支援を強化するものであり，2014（平成26）年には名称を「母子及び父子並びに寡婦福祉法」に変更した。

　2015（平成27）年，「子ども・子育て支援法」「認定こども園法の一部改正」「子ども・子育て支援法及び認定こども園法の一部改正法の施行に伴う関係法律の整備等に関する法律」の子ども・子育て関連3法に基づいて「**子ども・子育て支援新制度**」が開始された。乳幼児期の教育や保育，子育て支援について，量的拡大と質的向上を目指したものである。

　2016（平成28）年，「児童福祉法」が改正された。第1条と第2条が制定以降初めて改定され，児童福祉の理念と子どもが権利主体であることを明確にした。また第3条の2，第3条の3が新設され，国および地方公共団体の責務，社会的養護の実施には家庭同様の環境での養育を基本とする内容が加えられた。

3──子どもの権利に関する歴史〜国境を越えて〜

　産業革命以降，子どもは安価な労働力として重宝され，長時間の過酷な労働を余儀なくされた。当時，子どもを含む労働者の平均寿命は15歳だったとされている。これを放置し続けると将来的に労働力不足を生じる危険があるとして，イギリスで工場法が誕生した。当時の子ども観には，子どもの命や将来に対する視点が乏しかった。今日の子ども観や子ども家庭福祉の理念ができるまでには，多くの人々が関わっている。ここでは国の枠にとらわれないで歴史の理解を深めるとともに，第1章の学びをさらに深めていきたい。

　アダム・スミスは『国富論』（1776年）において，教育によって有能な労働者を育てることが可能だとした。子どもを「今の労働力」としてではなく「将来の労働力」として捉えたのである。こうした子ども観の変化は，**ジャン＝ジャック・ルソー**や，ルソーに影響を受けた**ペスタロッチ**にもみることができ

る。特に貧しい子どもたちへの慈善事業や教育を実践したペスタロッチは，ロバート・オウエンやフレーベルにも影響を与えている。

ジョン・デューイは1899年に『学校と社会』を著し，日本にも多大な影響を与えた。その翌年，スウェーデンのエレン・ケイが『児童の世紀』を著した。ケイは「20世紀は子どもの世紀」とし，ルソーやペスタロッチの流れをくみながら「児童中心主義」として思想を昇華させた。「家庭」の重要性を説き，労働で疲れている母親と，無家庭状況に置かれた子どもを救い出そうと，女性を家庭に呼び戻す母性保護政策を提案した。ケイの思想は日本にも大きな影響を与えた。「児童中心主義」が高まる中，1919年にエグランタイン・ジェブが**セーブ・ザ・チルドレン**を設立し，1922年の「**世界児童憲章**」，1924年の国際連盟「**児童の権利に関するジュネーブ宣言**」へと思想がつながるのである。

1948年，国際連合において「**世界人権宣言**」が採択され，「すべての人民とすべての国とが達成すべき共通の基準」を宣言した。1950年の総会においては，毎年12月10日を「人権デー」とし，世界中で記念行事を行うことが決議された。一方，この頃の日本では「児童福祉法」や「児童憲章」が制定された。子どもは将来の戦力から転換し，すべての子どもが愛護の対象であり，社会の一員として重んぜられることとなった。

1959年，国際連合において「**児童権利宣言**」が成立する。これは児童の権利を具体化しようとするものである。1966年には「**国際人権規約**」が総会で採択された。人権諸条約の中で最も基本的かつ包括的な内容であり，「経済的，社会的及び文化的権利に関する国際規約」（社会権規約，A規約）と，「市民的及び政治的権利に関する国際規約」（自由権規約，B規約）で構成されている。

1989年には，国際連合において「**児童の権利に関する条約（子どもの権利条約）**」が採択された。「児童の権利に関する宣言」は実施状況が思わしくなかったが，「宣言」から「条約」へ昇格させる案が提出された。この中に従来の「子どもは保護される存在」から「子どもは権利を持つ主体」へと子ども観を大きく転換するポーランドの発案があった。第二次世界大戦でナチスドイツの占領下に置かれたポーランドでは，ユダヤ人に対する迫害が始まり，多くの国民がホロコーストの犠牲になった。その1人が**コルチャック**である。コルチャックは「保護された子ども」を否定し，子どもは善でも悪でもない，さま

ざまな可能性をもつ「子ども」という子ども観をもっていた。院長を務めていた孤児院では，大人も子どもも同じ人間として等しく扱われ，「子どもの権利」を実践していたのである。コルチャックは孤児院の子どもたちと一緒に，ホロコーストの犠牲になった。コルチャックの子どもに対する思いを受け継ぎ，ポーランドの人々が世界に伝え，条約として結実させたのである。

●演習コーナー●
・社会福祉のテキストも参考に，日本・欧米の福祉の年表をつくってみよう。大きな社会的，政治的出来事も書き加えよう。
・本章に登場した人物を1人選び，詳しく調べてみよう。

参考文献

・松本峰雄編著：改訂子どもの福祉，建帛社，2013，pp.79-90
・右田紀久恵・髙澤武司・古川孝順編：社会福祉の歴史，有斐閣，2004
・清水教惠・朴光駿編：よくわかる社会福祉の歴史，ミネルヴァ書房，2011
・山縣文治・岡田忠克編：よくわかる社会福祉 第10版，ミネルヴァ書房，2014
・山縣文治・柏女霊峰編：社会福祉用語辞典 第9版，ミネルヴァ書房，2013
・吉田久一・岡田英己子：社会福祉思想史入門，勁草書房，2000
・吉田久一：新・日本社会事業の歴史，勁草書房，2004
・網野武博「児童福祉法改正の評価と課題―児童家庭福祉の理念および公的責任」，季刊社会保障研究，34-1
・乙訓稔「子どもの権利論の系譜と展開―E・ケイとJ・コルチャックを焦点として」，生活科学部紀要，46，実践女子大学，2009，pp.61-71
・朴光駿：社会福祉の思想と歴史，ミネルヴァ書房，2004
・井村圭壯・藤原正範編著：日本社会福祉史，勁草出版，2007
・松村祥子編著：欧米の社会福祉の歴史と展望，放送大学教育振興会，2011
・松本なるみ著：「戦後草創期の保育所―元保育所保母の語りを手がかりに―」，文京学院大学人間学部研究紀要，11巻1号，pp.197-212，2009
・室田保夫編著：人物で読む西洋社会福祉のあゆみ，ミネルヴァ書房，2013
・室田保夫編著：人物でよむ近代日本社会福祉のあゆみ，ミネルヴァ書房，2006
・吉田明弘編著：児童福祉論（改訂版），八千代出版，2014
・古川孝順・金子光一編：社会福祉発達史キーワード，有斐閣，2009

第8章　子ども家庭福祉の制度と法体系

1——子ども家庭福祉に関する法体系

（1）子ども家庭福祉と「日本国憲法」

　子ども家庭福祉に関するさまざまな施策の根幹となっているのは「日本国憲法」である。第25条では，「すべて国民は，健康で文化的な最低限度の生活を営む権利を有する。②国はすべての生活部面について，社会福祉，社会保障及び公衆衛生の向上及び増進に努めなければならない」と生存権の保障と国の保障義務について定めており，子ども家庭福祉を含めた社会福祉全体の法的基盤と位置づけられている。また，第26条では，教育を受ける権利および義務教育について，第27条では，勤労の権利と義務および児童酷使の禁止について定められており，子どもの権利について明記されている。

（2）法令の種類

　子ども家庭福祉を含む社会福祉に関するさまざまな制度やサービスは，多岐にわたる法令によって規定されている。法令とは，法律および命令，条例などを指し，上位の法が優先され，上位の法に反する下位の法は効力をもたないとされている。上位の法から順に示すと，日本国憲法，条約，法律，命令（政令，府令，省令，規則など），条例等と続く。なお，**条約**とは，国家同士あるいは国際連合などの国際機関で結ばれる法であり，**法律**とは，国会の議決を経て制定された法である。また，**命令**とは，行政機関が国会の議決によらずに制定した法であり，**条例**とは，地方公共団体の議会の議決を経て制定された法である。

（3）子ども家庭福祉にかかわりのある法令

　「日本国憲法」では，子どもに直接かかわる条文として，先に述べた第25条の生存権規定以外に，第26条：教育を受ける権利（義務教育），第27条：勤労の権利・義務（勤労条件の基準，児童酷使の禁止）がある。また，子どもに深くかかわる規定として第11条：国民の基本的人権の永久不可侵性，第13条：個人の尊重，第14条：法の下の平等など，第18条：奴隷的拘束及び苦役からの自由，第19条：思想及び良心の自由，第20条：信教の自由，第21条：集会・結社・表現の自由など，第24条：家族生活における個人の尊重と両性の平等などがあげられる。これらが，子ども家庭福祉に関する多様な施策の根幹となり，さまざまな法令が制定されている。

　また，わが国が1994（平成6）年に批准した「**児童の権利に関する条約（子どもの権利条約）**」は，子どもの基本的人権について国際的な標準を示し，日本の子ども家庭福祉施策にも大きな影響を及ぼしている。54条からなる条約では，子どもを「権利の主体」として位置づけ，「生きる権利」「育つ権利」「守られる権利」「参加する権利」を実現するための具体的事項を規定している。

　子ども家庭福祉に直接かかわる法律としては，「**児童福祉法**」を中心として，「児童扶養手当法」「特別児童扶養手当等の支給に関する法律」「母子及び父子並びに寡婦福祉法」「母子保健法」「児童手当法」があげられる。

　さらに，子ども家庭福祉に関連のある法律は，社会福祉，教育，労働，社会保険，医療・公衆衛生，司法などのさまざまな分野にわたり，「児童虐待の防止等に関する法律」「障害者総合支援法」「発達障害者支援法」などがあげられる。

　その他にも「児童福祉法施行令」や「児童扶養手当施行令」などの政令，「児童福祉施設の設備及び運営に関する基準」や「児童福祉法施行規則」などの省令等も子ども家庭福祉施策に大きなかかわりをもっている。また，都道府県や市区町村によって，青少年保護育成条例や子ども条例など，子どもの福祉や健全育成などに関するさまざまな条例が制定されている。

　このように，子ども家庭福祉施策は，「日本国憲法」および「子どもの権利条約」を基盤としたさまざまな法律や命令，条例などによって，総合的・体系的に推進されている（図8−1）。

	日本国憲法	
第11条（国民の基本的人権の永久不可侵性），第13条（個人の尊重），第14条（法の下の平等等），第18条（奴隷的拘束及び苦役からの自由），第19条（思想及び良心の自由），第20条（信教の自由），第21条（集会・結社・表現の自由など），第24条（家族生活における個人の尊重と両性の平等），第25条（生存権），第26条（教育を受ける権利，義務教育），第27条（勤労の権利・義務，勤労条件の基準，児童酷使の禁止）など		

条　　　約	児童の権利に関する条約　障害者の権利に関する条約　など

	子ども福祉に直接かかわる法律	児童福祉六法	①児童福祉法　②児童扶養手当法　③特別児童扶養手当等の支給に関する法律　④母子及び父子並びに寡婦福祉法　⑤母子保健法　⑥児童手当法
法律	子ども福祉に関連する法律	社会福祉分野	①社会福祉法　②生活保護法　③身体障害者福祉法　④知的障害者福祉法　⑤精神保健及び精神障害者福祉に関する法律　⑥民生委員法　⑦障害者基本法　⑧社会福祉士及び介護福祉士法　⑨精神保健福祉士法　⑩児童虐待の防止等に関する法律　⑪配偶者からの暴力の防止及び被害者の保護に関する法律　⑫障害者総合支援法　⑬発達障害者支援法　⑭少子化社会対策推進法　⑮次世代育成支援対策推進法　⑯子ども・若者育成支援推進法　⑰子ども・子育て支援法，⑱障害者虐待防止法，⑲障害者差別解消法，⑳子どもの貧困対策の推進に関する法律，㉑生活困窮者自立支援法　など
		教育分野	①教育基本法　②学校教育法　③社会教育法　④特別支援学校への就学奨励に関する法律　⑤食育基本法　⑥就学前の子どもに関する教育，保育等の総合的な提供の推進に関する法律（略称：認定こども園法）　など
		労働分野	①労働基準法　②職業安定法　③最低賃金法　④勤労青少年福祉法　⑤障害者の雇用の促進等に関する法律　⑥育児休業，介護休業等育児又は家族介護を行う労働者の福祉に関する法律　など
		社会保険分野	①健康保険法　②国民健康保険法　③厚生年金保険法　④国民年金法　⑤労働者災害補償保険法　⑥雇用保険法　など
		医療・公衆衛生分野	①学校保健安全法　②学校給食法　③感染症法　④地域保健法　⑤医療法　⑥予防接種法　⑦母体保護法　など
		司法分野	①民法　②刑法　③戸籍法　④少年法　⑤少年院法　⑥家事審判法　⑦保護司法　⑧刑事訴訟法　⑨売春防止法　⑩覚せい剤取締法　⑪麻薬及び向精神薬取締法　など

命令	政令	児童福祉法施行令　児童扶養手当法施行令，母子及び父子並びに寡婦福祉法施行令　など
	省令	児童福祉法施行規則，児童福祉施設の設備及び運営に関する基準　など

（国の）告示	保育所保育指針，幼保連携型認定こども園教育・保育要領，児童福祉法に基づく指定入所支援に要する費用の額の算定に関する基準，幼稚園教育要領，学習指導要領　など

（都道府県，市区町村の）　条　　　例

図8－1　子ども家庭福祉に関する法体系

2──子ども家庭福祉に関する法律

（1）児童福祉六法

　子ども家庭福祉に直接かかわる法律としては，「児童福祉法」を中心に「児童扶養手当法」「特別児童扶養手当等の支給に関する法律」「母子及び父子並びに寡婦福祉法」「母子保健法」「児童手当法」があげられ，あわせて**児童福祉六法**といわれる。

1）児童福祉法

①　制定の経緯

　「児童福祉法」は子ども福祉施策の基盤となる法律であり，戦後間もなく生まれた**福祉三法**（生活保護法・身体障害者福祉法・児童福祉法）の1つである。1947（昭和22）年に制定され，翌年施行された。

　第二次世界大戦敗戦後の日本は社会全体が混乱した状態に陥り，国民生活は大きな打撃を受けたが，子どもたちも生活や健康，そして時には命にも及ぶ深刻な被害を受けた。街には戦争孤児や浮浪児があふれ，窃盗などの犯罪を繰り返す非行少年が急増し，これらの子どもを保護する法律の整備等が急務とされ，国が中心となって検討が重ねられた。その結果，保護が必要な一部の子どもだけを児童福祉の対象とするのではなくすべての子どもを対象とすべきであること，また児童福祉の基本となる法律を整備すべきであるという方向性が確認され，すべての子どもの健全育成と福祉の積極的推進を基本精神とする，児童福祉の根本的かつ総合的法律として「児童福祉法」が制定された。

②　児童福祉法の概要

　「児童福祉法」は第1章：総則，第2章：福祉の保障，第3章：事業，養育里親及び施設，第4章：費用などにより構成されている。

　第1章の第1条，第2条および第3条では，児童福祉の原理や子どもの育成に関する保護者や国，地方公共団体の責任を示している（第1章，p.4 参照）。第4条では，この法律の対象となる「児童」を満18歳に満たない者と定めた上で，満1歳に満たない者を「乳児」，満1歳から小学校就学の始期に達するまでの者を「幼児」，小学校就学の始期から満18歳に達するまでの者を「少年」，

身体に障害のある児童，知的障害のある児童または精神に障害がある児童（発達障害児を含む），および難病患者等を「障害児」と定義している。第5条では，妊娠中または出産後1年以内の女子のことを「妊産婦」，第6条では，親権を行う者及び未成年後見人その他の者で児童を現に監護する者のことを「保護者」と定義し，第7条では，児童福祉施設を示している。第1章ではこの他，児童福祉審議会や実施機関（市町村，都道府県，児童相談所および保健所），児童福祉司，児童委員，保育士等について定めている。

　第2章「福祉の保障」では，療育の指導，小児慢性特定疾病医療費の支給等，居宅生活の支援，助産施設・母子生活支援施設および保育所への入所等，障害児入所給付費や高額障害児入所給付費および特定入所障害児食費等給付費ならびに障害児入所医療費の支給，障害児相談支援給付費および特例障害児相談支援給付費の支給，要保護児童の保護措置，被措置児童等虐待の防止など，福祉の保障のためのさまざまな施策が規定されている。

　第3章「事業，養育里親及び施設」では，さまざまな児童福祉に関する事業（障害児通所支援事業，障害児相談支援事業，児童自立生活援助事業，小規模住居型児童養育事業，放課後児童健全育成事業，子育て短期支援事業，一時預かり事業，家庭的保育事業，病児保育事業，子育て援助活動支援事業など），養育里親および児童福祉施設（乳児院，母子生活支援施設，保育所，児童養護施設，障害児入所施設，児童発達支援センター，児童自立支援施設など）についての規定がその主な内容となっている。また，第4章の「費用」では，主に子ども家庭福祉に要する費用の国，地方公共団体，本人または扶養義務者の負担割合などが定められている。

　なお，2016（平成28）年の改正では，児童の福祉を保障するための原理の明確化，要保護児童に対する家庭と同様の環境における養育の推進，支援業務に関する国・都道府県・市町村の役割・責務の明確化，支援を要する妊婦等に関する情報の市町村への提供，児童相談所の体制強化などが新たに定められた。

2）母子及び父子並びに寡婦福祉法

　本法は，母子家庭に対する福祉施策を総合的に体系化し，積極的な母子福祉施策を推進していくために1964（昭和39）年に「母子福祉法」として制定され，同年施行された。その後，かつて母子家庭の母であった寡婦についても総

合的な福祉施策が求められるようになり，1981（昭和56）年には「母子及び寡婦福祉法」と改められた。2002（平成14）年の法改正では，対象が「母子家庭と寡婦」から「母子家庭等と寡婦」へと拡大され，さらに2014（平成26）年には，**「母子及び父子並びに寡婦福祉法」**に改称され，父子家庭への福祉の措置に関する章（第4章）を創設したほか，母子福祉資金貸付等の支援施策の対象を父子家庭にも拡大するなど，父子家庭への支援が明確に示された。

母子家庭，父子家庭および寡婦に対する主な福祉の措置としては，母子父子寡婦福祉資金の貸付け，日常生活支援事業，公共住宅への優先入居および家賃の減免，保育所入所についての特別な配慮などがある。

なお，**母子父子寡婦福祉資金**とは，母子家庭の母や父子家庭の父および寡婦に対し，低利または無利子で各種資金を貸付けし，母子・父子および寡婦家庭の生活の安定と自立を助けることを目的とする制度であり，その種別は，就学資金，技能習得資金，生活資金，就学支度資金など12種類ある。また，**ひとり親家庭等日常生活支援事業**とは，母子家庭の母や父子家庭の父が，病気や事故，出張，冠婚葬祭，就職活動その他の理由で日常生活に支障をきたした場合，家庭生活支援員によって家事援助や子育てサービスなどの支援が行われるものである。

その他に，母子・父子自立支援員，母子・父子福祉施設（母子・父子福祉センターおよび母子・父子休養ホーム）などについても定められている。

3）母子保健法

本法は，母子保健を総合的かつ体系的に推進することを目指して1965（昭和40）年に制定され，翌年施行された。

第1条においてその目的を「母性並びに乳児及び幼児の健康の保持及び増進を図るため，母子保健に関する原理を明らかにするとともに，母性並びに乳児及び幼児に対する保健指導，健康診査，医療その他の措置を講じ，もつて国民保健の向上に寄与すること」としている。また，第2条においては「母性は，すべての児童がすこやかに生まれ，かつ，育てられる基盤であることにかんがみ，尊重され，かつ，保護されなければならない」と母性の尊重の理念が述べられている。第3条では「乳児及び幼児は，心身ともに健全な人として成長してゆくために，その健康が保持され，かつ，増進されなければならない」と乳

幼児の健康の保持増進について述べられている。なお，母性および乳幼児の保護者には「みずからすすんで，妊娠，出産又は育児についての正しい理解を深め，その健康の保持及び増進に努め」（第4条）ることが求められ，具体的には妊娠の届出，母子健康手帳への記載，低体重児の届出が義務づけられている。

さらに，国および地方公共団体には「母性並びに乳児及び幼児の健康の保持及び増進に努めること」（第5条）が求められており，具体的な事業として，知識の普及（都道府県・市区町村が実施），保健指導（市町村が実施），新生児の訪問（市町村が実施），1歳6か月児・3歳児健康診査（市町村が実施），母子健康手帳の交付（市町村が実施），未熟児の訪問指導（都道府県・保健所設置市・特別区が実施）などが規定され，それぞれの自治体で運営されている。

なお，2016（平成28）年改正では，国・地方公共団体は母子保健施策が児童虐待の発生予防・早期発見に資するものであることに留意しなければならないこと，そして，市町村は妊娠期から子育て期までの切れ目ない支援を提供する「子育て世代包括支援センター」（法律上は，「母子健康包括支援センター」）を設置するよう努めることが新たに定められた。

4）児童扶養手当法

本法は，経済的支援が行われてこなかった生別母子家庭に手当を支給するための法律として1961（昭和36）年に制定され，翌年施行された。

「父又は母と生計を同じくしていない児童が育成される家庭の生活の安定と自立の促進に寄与するため，当該児童について児童扶養手当を支給し，もって児童の福祉の増進を図ること」（第1条）を目的としており，ひとり親家庭に対する経済的支援策として重要な役割を担っている。なお，2010（平成22）年8月から，父子家庭の父も支給の対象となった。

児童扶養手当は，18歳に達する日以降最初の3月31日までの子どもを扶養しているひとり親家庭等に支給され，父母の離婚，父または母が死亡もしくは生死不明，父または母が重度障害を有するなどの状態にある子どもを監護し，かつ生計を同じくしている父母または子どもを養育する養育者に支給される。

手当額は，2019（令和元）年9月現在では，子どもが1人の場合は，全部支給は4万2,330円，一部支給は4万2,320円〜9,990円（所得に応じて決定），子ど

も2人目の加算額は全部支給は1万円，一部支給は9,990円〜5,000円（所得に応じて決定），子ども3人目以降の加算額は1人につき全部支給は6,000円，一部支給は5,990円〜3,000円（所得に応じて決定）となっている。また，所得制限が設けられているが，それらの者に対しても特例給付として1人当たり5,000円の給付がなされている。

5）特別児童扶養手当等の支給に関する法律

本法は，重度精神薄弱児扶養手当として1964（昭和39）年に制定され，その後，他法に基づく制度も包含する法律へと改正され，現名称へと変更された。

支給される手当には，特別児童扶養手当・障害児福祉手当・特別障害者手当の3種類があり，それぞれの手当の内容は次の通りとなっている。なお支給月額は，2019（令和元）年9月現在のものである。

① 特別児童扶養手当…20歳未満で精神または身体に障害を有する子どもを家庭で監護・養育している父母等に支給される。支給月額は，1級（重度）の場合は5万2,200円，2級（中度）の場合は3万4,770円が支給される。なお，所得制限が設けられている。

② 障害児福祉手当…精神または身体に重度の障害を有するため，日常生活において常時の介護を必要とする状態にある在宅の20歳未満の者に支給される。支給月額は，1万4,790円であり所得制限が設けられている。

③ 特別障害者手当…精神または身体に著しく重度の障害を有するため，日常生活で常時特別の介護を必要とする状態にある在宅の20歳以上の者に支給される。支給月額は，2万7,200円であり所得制限が設けられている。

6）児童手当法

本法は，子育て家庭への経済的支援策として1971（昭和46）年に制定され，翌年施行された。本法は，「児童を養育している者に児童手当を支給することにより，家庭等における生活の安定に寄与するとともに，次代の社会を担う児童の健やかな成長に資すること」（第1条）を目的として制定され，その後，対象児童，手当の額，手当の負担割合などの改正がたびたび行われてきた。

支給対象は，中学校修了までの国内に住所を有する児童（15歳に到達後の最初の年度末まで）であり，所得制限が設けられている。2019（令和元）年9月現在の手当月額は，3歳未満は1万5,000円，3歳以上小学校修了前は第1

子・第2子に1万円（第3子以降は1万5,000円），中学生は1万円である。ただし，所得制限以上の場合は一律5,000円（当分の間の特例給付）となっている。

（2）児童福祉六法以外の子ども家庭福祉に関する法律

1）児童虐待の防止等に関する法律（児童虐待防止法）

　近年になって児童虐待のケースが増加し，深刻化していることから，児童虐待の早期発見・早期対応及び被害を受けた子どもの適切な保護を目的として，2000（平成12）年に「**児童虐待の防止等に関する法律**」が制定された。

　本法では，児童虐待の定義，子どもに対する虐待の禁止，虐待防止に関する国及び地方公共団体の責務，関係機関およびその職員に対する早期発見の努力義務，発見者の早期通告義務，虐待を受けた子どもの保護のための措置などの規定が定められた。本法および「児童福祉法」に基づいて，子どもを虐待から守り保護するための取り組みが行われている。

　制定後には数回の改正が行われており，2004（平成16）年の「児童虐待の防止等に関する法律」「児童福祉法」の改正では，児童虐待の定義の拡大，通告義務の拡大，市町村の役割の明確化（相談対応を明確化し，虐待通告先に追加），**要保護児童対策地域協議会**の法定化などが行われた。さらに，2007（平成19）年の両法改正では，児童虐待防止対策の強化をさらに図るために，児童相談所による子どもの安全確認等のための立入調査等の強化，保護者に対する面会・通信等の制限の強化，保護者に対する指導に従わない場合の措置の明確化などが行われた。その後も，2017（平成29）年，2018（平成30）年，2019（令和元）年に「児童福祉法」とともに一部改正された。

2）児童買春，児童ポルノに係る行為等の処罰及び児童の保護等に関する法律（児童買春・児童ポルノ禁止法）

　本法は，児童買春，児童ポルノに係る行為等を処罰するとともに，これらの行為等により心身に有害な影響を受けた子どもの保護のための措置等を定めることにより，子どもの権利を擁護することを目的として1999（平成11）年に制定・施行され，2004（平成16）年および2014（平成26）年に一部改正された。

　本法では，児童・児童買春および児童ポルノの定義，児童買春をした者や仲介した者および勧誘した者への罰則，児童ポルノの提供などをした者に対する

罰則などが定められている。

3）配偶者からの暴力の防止及び被害者の保護等に関する法律（DV防止法）

本法は，配偶者からの暴力に係る通報，相談，保護，自立支援等の体制を整備し，配偶者からの暴力の防止，被害者の保護を目的として2001（平成13）年に制定・施行され，2004（平成16）年・2008（平成20）年，2013（平成25）年および2019（令和元）年に一部改正された。

本法では，DV防止および保護に関する国・地方公共団体の責務，都道府県基本計画の策定義務，DV発見者による通告の努力義務，被害者を保護するための各機関の役割と連携，都道府県による配偶者暴力相談支援センターの配置義務とその業務内容，保護命令などについて定められている。

なお，配偶者暴力相談支援センターは，都道府県が置く婦人相談所などに設置され，被害者支援のための相談やカウンセリング，自立援助，関係機関との連絡調整などの業務が行われている。また保護命令とは，被害者がさらなる配偶者からの暴力または生命等に対する脅迫により生命または身体に重大な危害を受けるおそれが大きいときに，裁判所が，被害者の申立てにより発する命令のことであり，接近禁止命令・退去命令・電話等禁止命令などがある。

4）育児休業，介護休業等育児又は家族介護を行う労働者の福祉に関する法律（育児・介護休業法）

本法は，育児または家族の介護を行う労働者の職業生活と家庭生活との両立が図られるよう支援することによって，その福祉を増進するとともに，あわせてわが国の経済および社会の発展に資することを目的とした法律である。1995（平成7）年に従来の「育児休業等に関する法律」を改正し，新たに介護休業制度を創設して現在の名称に改称された。

育児休業（労働者はその事業主に申し出ることにより，子が1歳に達するまでの間育児休業をすることができる）や介護休業，子の看護休暇制度（小学校入学までの子を養育する労働者は，病気・けがをした子の看護のために，休暇を取得することができる）が定められている。その他にも時間外労働の制限，深夜業の制限，勤務時間の短縮等の措置，不利益取扱の禁止，労働者の配置に関する配慮などが規定されている。2016（平成28）年改正では，育児休業・介護休業の申し出ができる有期契約労働者の要件が緩和されたほか，介護休業の

分割取得や子の看護休暇・介護休暇の半日単位の取得ができるようになった。また2017（平成30）年改正では，保育所に入れない場合などには2歳まで育児休業が取得可能になった。

5）発達障害者支援法

発達障害者の自立および社会参加が実現するための生活全般にわたる支援を図り，その福祉の増進に寄与することを目的とする法律として，2004（平成16）年に「発達障害者支援法」が制定され，翌年施行された。また，2015（平成28）年には一部改正された。本法では，発達障害の定義，国および地方公共団体の責務，国民の責務，発達障害の早期発見，早期発達支援，保育，教育，就労支援および発達障害者支援センターなどに関する規定がされている。

発達障害者支援センターでは，発達障害者およびその家族に対する専門的な相談・助言，専門的な発達支援，就労の支援などが行われている。

6）障害者総合支援法

2005（平成17）年に「障害者自立支援法」が成立し，一部を除いて翌年から施行された。本法は，これまで障害種別ごとに異なる法律に基づいて提供されてきた福祉サービスおよび公費負担医療等について，共通の制度の下で一元的に提供するしくみを創設したものである。本法の施行に伴い，障害児にかかわる児童福祉施設では，利用方法が措置制度から契約方式に変更された。また，障害者(児)の医療制度も変更となり，別々の医療制度で運営されていた精神通院医療，更生医療および育成医療が，「障害者自立支援法」により一本化され自立支援医療制度に基づく医療制度となった。

2013（平成25）年4月1日より「障害者自立支援法」は，「障害者の日常生活及び社会生活を総合的に支援するための法律」（障害者総合支援法）と改正された。本法の趣旨は，地域社会における共生の実現に向けて，障害福祉サービスの充実等障害者の日常生活および社会生活を総合的に支援するため，新たな障害保健福祉施策を講ずるものとされている。主な改正点としては，障害者の範囲に難病等を加えたことや，障害程度区分から障害支援区分への変更，重度訪問介護の対象拡大，共同生活介護の共同生活援助への一元化等があげられる。また，2018（平成30）年改正では，就労定着支援や自立生活援助が創設されるなどした。

7）少　年　法

　本法は，少年（20歳未満の者）の健全育成と，非行少年に対しての性格矯正および環境調整に関する保護処分を行うことを主な目的とする法律である。未成年者である少年は，人格的にまだ未成熟であるため，成人と同様の処罰をするのではなく，教育的・福祉的見地から更生のために最もよい方法が与えられるべきだとする保護主義が貫かれている。

　「少年法」では，非行少年を３つに分類し，14歳以上20歳未満で罪を犯した者を**犯罪少年**，14歳未満で刑罰法令に触れる行為をした者を**触法少年**，一定の言動から将来罪を犯すおそれのある者を**虞犯少年**としている（p.72参照）。14歳未満の少年に対しては，原則として「児童福祉法」上の措置がとられるため，犯罪少年と14歳以上の虞犯少年の一部が主なこの法律による処分の対象となり，家庭裁判所で非行事実の有無について判断されるとともに，再び非行を繰り返さないために適切だと考えられる処遇が決定される。

　家庭裁判所では，家庭裁判所調査官による調査結果や少年鑑別所の鑑別結果等を総合的に考慮して，審判を開始するのか開始しない（審判不開始）のかが決定される。審判が開始された場合は，不処分，知事または児童相談所送致，検察官送致，保護処分（少年院送致，保護観察所の保護観察および児童自立支援施設または児童養護施設への送致）のいずれかの処分が決定される。

●演習コーナー●
・「児童の権利に関する条約」を読み，各条文が「生きる権利」「育つ権利」「守られる権利」「参加する権利」のどれに分類されるか考えてみよう。
・「児童虐待の防止等に関する法律」「児童福祉法」を読み，児童虐待の定義，防止のための国や地方公共団体の取り組みについて整理してみよう。

参考文献
・厚生労働統計協会編：国民の介護と福祉の動向2019／2020，2019
・ミネルヴァ書房編集部編：ミネルヴァ社会福祉六法2019，ミネルヴァ書房，2019
・社会福祉士養成講座編集委員会編：児童や家庭に対する支援と児童・家庭福祉制度 第6版，中央法規出版，2016

第9章 子ども家庭福祉の実施体系と実施機関

1──子ども家庭福祉の実施体系

　「児童福祉法」第2条では，「国及び地方公共団体は，児童の保護者とともに，児童を心身ともに健やかに育成する責任を負う」，第3条の2では「国及び地方公共団体は，児童が家庭において心身ともに健やかに養育されるよう，児童の保護者を支援しなければならない」と定められ，国や地方公共団体は，保護者の子育てを支え，保護者による養育が困難な場合や適当でない場合（保護者の病気や死亡，保護者による虐待など）には直接子どもを保護し育成する責任を有している。その責務を果たすため，国，都道府県，市区町村の行政機関が役割分担および連携を図りながら，児童家庭福祉行政にあたっている。

　国は，子どもと家庭に関する福祉行政全般についての企画調整，監査指導，事業に要する費用の予算措置等を行い，児童家庭福祉行政の中枢的役割を担っている。その機構として**厚生労働省**が置かれ，子ども・子育てに関する業務は**子ども家庭局**が行い，局には総務課，保育課，家庭福祉課，子育て支援課，母子保健課が置かれている。

　都道府県は，都道府県内の児童福祉事業の企画・予算措置に関すること，児童福祉施設の許可ならびに指導監督，児童相談所・福祉事務所および保健所の設置運営などの業務にあたる。また，市町村に対する必要な援助，児童家庭相談のうち，専門性の高い技術や知識が求められる事例への対応等を行っている。

　市町村は，保育所など児童福祉施設の設置および保育の実施，健康診査の実施，子ども家庭福祉に関する実情の把握・情報提供，子育て家庭に対する相談援助など，地域住民に密着した業務にあたっている。

　なお，近年の「児童福祉法」改正では，子育て支援事業（地域子育て支援センター事業，放課後児童健全育成事業など），児童相談が市町村の業務として

表9－1　子ども家庭福祉にかかわる行政機関・施設

種　類		機関・施設等の名称
行政機関	国	厚生労働省（子ども家庭局，社会・援護局など） 社会保障審議会（厚生労働省設置の審議会）
	都道府県・政令都市	児童相談所（都道府県・政令都市は設置義務，中核市は任意設置） 保健所（都道府県・政令指定都市・中核市は設置義務） 都道府県・指定都市児童福祉審議会（設置義務）
	市区町村	福祉事務所（市は設置義務，町村は任意設置） 家庭児童相談室（福祉事務所に設置） 児童委員・主任児童委員（市町村の区域に設置） 子育て世代包括支援センター（母子健康包括支援センター）（任意設置）
児童福祉施設		助産施設，乳児院，母子生活支援施設，保育所，幼保連携型認定こども園，児童厚生施設，児童養護施設，障害児入所施設，児童発達支援センター，児童心理治療施設，児童自立支援施設，児童発達支援センター

法律上明確化されるなど，市町村の担う役割は近年増大している。

2──子ども家庭福祉に関する審議機関

　子ども家庭福祉に関する施策は，広く一般市民や各分野の専門家の意見を聴き，それらの声を反映した施策が展開されねばならない。

　国には**社会保障審議会**が設置され，子ども家庭福祉を含む社会保障全体の主要事項についての審議が行われている。また，都道府県および指定都市には，**都道府県（指定都市）児童福祉審議会**の設置が義務づけられている。

　都道府県（指定都市）児童福祉審議会は，子ども，妊産婦，知的障害者の福祉に関する事項を調査・審議し，知事や市町村長などの諮問に答える（答申）とともに，関係行政機関に意見を述べる（意見具申）などの権限を有している。その他にも，施設入所措置の際に子どもやその保護者の意向がその措置と

一致しないときや，児童福祉施設等に対する事業停止命令や閉鎖命令をするとき，適当な者を里親として認定するときなどには児童福祉審議会の意見を聴く必要があるとされている。なお，市町村（特別区含む）も，**市町村児童福祉審議会**を任意で設置できる。

3──子ども家庭福祉の実施機関

（1）児童相談所
1）児童相談所の概要
　児童相談所は，子どもに関するさまざまな問題について家庭その他からの相談に応じ，問題解決に必要な援助を提供する機関である。児童相談所は，「児童福祉法」に基づく子ども家庭福祉の第一線の専門機関として，都道府県および指定都市に設置が義務づけられている。なお，2006（平成18）年改正では，中核市にも児童相談所を設置できるようになった。さらに，2016（平成28）年改正では，施行後5年をめどにすべての中核市と東京23区が児童相談所を設置できるよう，財政支援が行われることになった。2019（令和元）年改正では，親権者や児童福祉施設の長らが児童のしつけとして体罰を加えることを禁止した。また，児童相談所では，一時保護などの介入的対応を行う職員と保護者支援を担当する職員を分け，さらに医師と保健師の設置が義務づけられた。

　児童相談所には所長のほかに，児童福祉司，児童心理司，心理療法担当職員，医師（精神科医，小児科医）などが配置されている。また児童相談所に配置されている一時保護所には児童指導員や保育士などが配置されており，子どもの生活指導，学習指導，行動観察，行動診断，緊急時の対応等にあたっている。

2）児童相談所の基本的機能
児童相談所の主な機能として，次の4つの機能がある。
　① 市町村支援機能
　市町村相互間の連絡調整，市町村への情報の提供その他必要な援助を行う。
　② 相談機能
　専門的な知識および技術を必要とする子どもの相談への対応を行う。また，必要に応じて子どもの家庭，地域状況，生活歴や発達，性格，行動等について

専門的な角度から総合的に調査，診断，判定（総合診断）を行い，それに基づいて処遇方針を定め，児童相談所自らもしくは関係機関等を活用し一貫した子どもの処遇を行う。

③　一時保護機能

児童相談所長が，緊急保護・行動観察・短期入所指導など保護の必要があると認めた場合，子どもを一時保護所に一時保護し，または児童養護施設・乳児院・里親等に一時保護の委託をすることができる。なお，一時保護の期間は，原則として2か月を超えてはならないとされている。

④　措置機能

児童相談所長は，知事または指定都市の市長の委任を受けて，主に次のような措置を行うことができる。

・児童福祉司指導措置：児童福祉司等による子どもや保護者への指導の実施や，保護者に訓戒を加え誓約書を提出させることができる。

・児童福祉施設入所措置：子どもを乳児院・児童養護施設などの児童福祉施設に入所させることができる。

・里親委託措置：子どもを里親に委託することができる。

・家庭裁判所送致措置：家庭裁判所の送致に付することが適当であると認められる子どもを，家庭裁判所に送致することができる。

3）児童相談所で受ける相談内容と現状

児童相談所で対応する相談の内容は多岐にわたっているが，おおむね次の5つに分類することができる。

・障害相談：知的障害，肢体不自由，重症心身障害，視覚・聴覚および言語障害，自閉症などの障害のある子どもに関する相談。

・育成相談：しつけ，性格行動，適性，不登校，教育その他子どもの育成上の諸問題に関する相談。

・養護相談：保護者の病気，家出，離婚等による養育困難児，棄児，被虐待児，被放任児など養育環境上問題のある子どもに関する相談。

・非行相談：窃盗，傷害，放火等の触法行為のあった子ども，浮浪，乱暴等の問題行為のみられる子どもに関する相談。

・その他の相談：上記以外の内容の相談。

　児童相談所で受け付けた相談については，受理，受理会議，調査，判定，援助方針会議を経て，援助内容が決定される。その決定に基づき，児童相談所あるいは他の機関，児童福祉施設等によって援助が実施される（図9―1）。

4）児童相談所の体制強化および機能強化

　2016（平成28）年の「児童福祉法」の改正（翌年4月施行）では，児童の安全を確保するための初期対応等が迅速・的確に行われるよう，市町村や児童相談所の体制や権限の強化等が行われることになった。

　市町村は，児童等に対する必要な支援を行うための拠点の整備に努めることが規定された。また，市町村が設置する要保護児童対策地域協議会の調整機関に専門職を配置することなどが規定された。

　児童相談所の体制強化としては，次の3点があげられる。

　①児童相談所に児童心理司，医師または保健師，スーパーバイザー（他の児童福祉司の指導・教育を行う児童福祉司）を設置，②児童福祉司（スーパーバイザーを含む）は，国の基準に適合する研修を受講しなければならない，③児童相談所設置自治体は，法律に関する専門的な知識経験を必要とする業務を適切かつ円滑に行うため，弁護士の配置またはこれに準ずる措置を行う。

　児童相談所の権限強化等としては，次の4点があげられる。

　①児童相談所から市町村への事案（ケース）送致を新設する（改正法施行前は，市町村から児童相談所への事案送致のみ規定），②臨検・捜索について，再出頭要求を経ずとも裁判所の許可状により実施できるものとする，③児童相談所・市町村から被虐待児童等に関する資料等の提供を求められた場合，地方公共団体の機関に加え，医療機関，児童福祉施設，学校等が当該資料を提供できる旨を規定，④政府は，改正法の施行後速やかに，要保護児童を適切に保護するための措置に係る手続における裁判所の関与のあり方について検討を加え，その結果に基づいて必要な措置を講ずるものとする。

（2）福祉事務所

　福祉事務所は，「社会福祉法」に基づき，都道府県，市，および特別区に設置が義務づけられている。なお，町村は任意で設置することができる。

　福祉事務所は，「福祉六法」に定められる援護，育成，更生の措置に関する

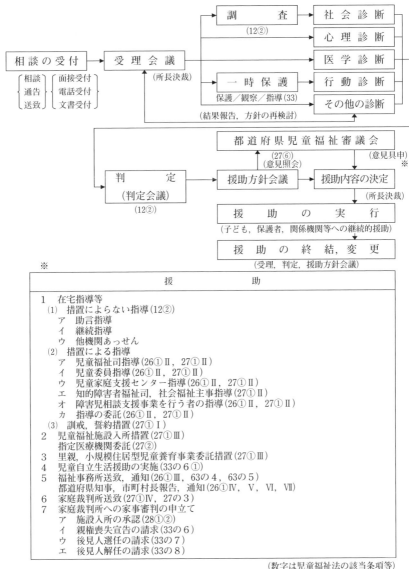

（数字は児童福祉法の該当条項等）

（資料）　厚生労働省雇用均等・児童家庭局：児童相談所運営指針

図９−１　児童相談所における相談援助活動の体系・展開

事務をつかさどる第一線の社会福祉行政機関である。福祉事務所には，社会福祉主事（現業を行う所員および指導監督を行う所員），身体障害者福祉司，知的障害者福祉司などが配置されている。

　福祉事務所における子どもの福祉に関する主な業務は，次の通りである。

① 　子どもと妊産婦の福祉に関する必要な事業の把握に努める。

② 　子どもと妊産婦の福祉に関する相談に応じ，必要な調査，個別・集団による指導を行う。

③ 　母子家庭，父子家庭および寡婦の福祉に関する必要な実情の把握に努める。

④ 　母子家庭，父子家庭および寡婦の福祉に関する相談に応じ，必要な調査および指導を行う。

⑤ 　被虐待児に関する通告を受理する。また，専門的な判定，施設入所措置を要する事例の児童相談所への送致を行う。

（3）家庭児童相談室

　福祉事務所には，子ども家庭福祉に関する相談指導業務を充実強化することを目的として**家庭児童相談室**が設置されている。家庭児童相談室では，社会福祉主事と家庭相談員が配置されている。

　2005（平成17）年の「児童福祉法」改正により，子どもおよび家庭の相談に応じることが市町村の業務として法律上明確化され，その役割を担う家庭児童相談室の重要性は増してきている。家庭児童相談室は，子どもや家庭問題に関する最も身近な相談窓口としての役割を担っており，複雑で困難なケースについては児童相談所や保健所，要保護児童対策地域協議会などと連携をとりながら対応が行われている。

（4）保　健　所

　保健所は，地域住民の健康の保持と増進を図ることを目的に，都道府県，指定都市，中核市，その他政令で定められた市および特別区に設置され，地域における公衆衛生の第一線の機関として位置づけられている。

　保健所によって行われる子ども家庭福祉に関する業務は，「児童福祉法」によって次のように定められている。

① 子どもの保健について，正しい衛生知識の普及を図ること。

② 子どもの健康相談に応じ，または健康診査を行い，必要に応じ保健指導を行うこと。

③ 身体に障害のある子どもおよび疾病により長期にわたり療養を必要とする子どもの療育について，指導を行うこと。

④ 児童福祉施設に対し，栄養の改善その他衛生に関し，必要な助言を与えること。

（5）その他の子ども家庭福祉の関係機関

1）児 童 委 員

児童委員は，「児童福祉法」に基づき，市町村の区域に置かれる民間奉仕者である。児童委員は，民生委員法に基づく民生委員を兼務している。児童委員は，市区町村内の一定の区域を担当し，地域で暮らす子どもや子育て家庭，妊産婦などを見守り，必要に応じて情報提供や相談・助言などを行っている。児童委員の職務については，次のように定められている。

① 児童および妊産婦につき，その生活および取り巻く環境の状況を適切に把握しておくこと。

② 児童および妊産婦につき，その保護，保健その他福祉に関し，サービスを適切に利用するために必要な情報の提供その他の援助および指導を行うこと。

③ 児童および妊産婦に係る社会福祉を目的とする事業を経営する者または児童の健やかな育成に関する活動を行う者と密接に連携し，その事業または活動を支援すること。

④ 児童福祉司または福祉事務所の社会福祉主事の行う職務に協力すること。

⑤ 児童の健やかな育成に関する気運の醸成に努めること。

⑥ その他，必要に応じて，児童および妊産婦の福祉の増進を図るための活動を行うこと。

なお，一般の区域を担当する児童委員とは別に，区域を担当しないで子ども家庭福祉に関する事項を専門的に担当する児童委員として**主任児童委員**が置かれている。主任児童委員の職務としては，子ども家庭福祉に関する機関と区域

を担当する児童委員との連絡・調整すること，区域を担当する児童委員の活動に対する援助及び協力を行うことがあげられる。

2）市町村保健センター

各市町村には，地域における保健活動・保健サービスの拠点として市町村保健センターが設置されている。地域住民の健康づくりの役割を担うとともに，住民に対して具体的な保健サービス提供を行うという役割を担っている。

子ども家庭福祉に関係する業務としては，妊産婦・乳幼児に対する保健指導，妊産婦・乳幼児に対する訪問指導，1歳6か月健康診査および3歳児健康診査などの乳幼児健康診査などが実施されている。

3）家庭裁判所

家庭裁判所は，夫婦関係や親子関係の紛争などの家事事件について，調停や審判および非行を犯した少年の事件についての審判を行う裁判所である。

家庭裁判所では，家庭内のトラブルや非行の背後にある原因を探り，どのようにすれば家庭内の問題が解決され，また，非行を犯した少年が更生していくことができるのかを第一に考え，それぞれのケースに応じた対応がとられている。また，家庭裁判所には，**家庭裁判所調査官**が配置され，家事事件や少年事件の審判等に必要な調査として紛争の原因や少年が非行に至った動機，成育歴，生活環境などを調査にあたる。

●**演習コーナー**●
・自分が暮らす地域に所在する，児童相談所，家庭児童相談室，保健所，市町村保健センターの所在地や業務内容などについて調べてみよう。

参考文献

・厚生労働統計協会編：国民の介護と福祉の動向2019／2020，2019
・ミネルヴァ書房編集部編：ミネルヴァ社会福祉六法2019，ミネルヴァ書房，2019
・社会福祉士養成講座編集委員会編：児童や家庭に対する支援と児童家庭福祉制度 第6版，中央法規出版，2016

第10章 児童福祉施設

　子どもたちが入所あるいは通所する施設，利用する事業について，表10—1にまとめた。以下，本章では，「児童福祉法」に基づいて子どもたちが暮らす施設，通う施設，その他の施設，利用する事業について述べていく。

1—— 「児童福祉法」に規定されている施設

（1）子どもたちが暮らす施設

1）暮らす場としての施設

　子どもたちが暮らす環境として家庭が最善であることは，「児童の権利に関する条約（子どもの権利条約）」などに記されている通りであるが，虐待などにより子どもたちの生活が脅かされている場合や障害などで保護者による養育が困難な状況である場合など特別の状況においては，子どもの最善の利益を守る観点から入所型の施設や里親が利用されることになる。そのため，入所型の児童福祉施設等では，子どもたちのもつ課題（被虐待体験や障害による生活のしにくさなど）への治療・支援や，保護者と離れて暮らす子どもたちの養育，家族へ支援が行われている。

　ただし，「児童の権利に関する条約」の理念にのっとれば，子どもは家庭で暮らすべきであり，こうした子どもたちの支援においては常に子どもたちの視点に立ち，家庭での生活が再開できることを視野に取り組む必要がある。

　以下に，「児童福祉法」に規定される入所型の児童福祉施設について解説する。

2）乳　児　院

　乳児院は，「乳児（保健上，安定した生活環境の確保その他の理由により特に必要のある場合には，幼児を含む。）を入院させて，これを養育し，あわせて退院した者について相談その他の援助を行うことを目的とする施設とする」

表10―1　児童福祉施設と児童福祉法に規定された主な事業

法的位置づけ	形式	施設・事業名
児童福祉施設	入所	乳児院 児童養護施設 障害児入所施設 児童心理治療施設 児童自立支援施設
	通所等	保育所 児童厚生施設 児童発達支援センター 幼保連携型認定こども園
	その他	助産施設 母子生活支援施設 児童家庭支援センター
事業	入所	児童自立生活援助事業（自立援助ホーム） 小規模住居型児童養育事業（ファミリーホーム）
	通所	放課後児童健全育成事業（学童保育） 家庭的保育事業 小規模保育事業 居宅訪問型保育事業 事業所内保育事業

（注）児童福祉施設はすべての施設を記載。事業は入所・通所利用の主なものを記載。

　（児童福祉法第37条）とされている。2018（平成30）年3月現在，全国140施設に，2,706名が暮らし，平均在所期間は1.2年，平均年齢は1.2歳である。

　この施設で暮らしている子どもたちは，虐待の被害にあったり保護者に疾病があったりして保護者と共に暮らせない子どもたちである。原則として入所しているのは乳児（0歳児）であるが，2歳くらいまでの子どもたちが生活している。状況によっては就学前まで入所することができる。

　この施設は児童相談所と連携して子どもたちを家族のもとに戻すのが目的となるが，子どもの家庭状況によっては特別養子縁組や里親委託につなげることもある。年齢超過により児童養護施設への措置変更となる子どもたちもいる。

　2017（平成29）年に「新しい社会的養育ビジョン」が厚生労働大臣の諮問機関から出され，3歳以下の子どもたちは施設ではなく家庭（里親等）に委託す

べきとの考えが示された。そのため，今後，子どもの生活の場や養育の提供だけでなく，家庭支援や一時保護，里親支援の機能の強化が期待されている。

3）児童養護施設

児童養護施設は，「保護者のない児童（乳児を除く。ただし，安定した生活環境の確保その他の理由により特に必要のある場合には，乳児を含む。以下この条において同じ。），虐待されている児童その他環境上養護を要する児童を入所させて，これを養護し，あわせて退所した者に対する相談その他の自立のための援助を行うことを目的とする施設とする」（児童福祉法第41条）とされている。2018（平成30）年３月末現在，全国に605施設あり，２万5,282名が暮らしている。平均在所期間は4.9年，平均年齢は11.2歳である。

この施設で暮らしている子どもたちは，乳児院同様に虐待の被害にあったり，保護者に疾病があったりして保護者と共に暮らせない子どもたちである。原則として１歳から18歳未満の子どもたちが生活している。状況によっては０歳児や22歳の年度末まで入所することができる。

この施設は乳児院同様に，児童相談所と連携して子どもたちを家族のもとに戻すことが目的となるが，子どもの家庭状況によっては特別養子縁組や里親委託につなげることもある。児童虐待被害の治療のために多くの施設で心理療法担当職員が配置され，被害に遭った子どもに対して心理治療が行われている。

「新しい社会的養護のビジョン」では，施設入所に偏っている社会的養護利用者の状況を里親委託中心にすべきとの考えが示されている。そのため，今後，子どもの生活の場や養育の提供だけでなく，治療的機能や家庭支援，一時保護，里親支援の機能が強化されることが期待されている。

4）障害児入所施設

障害児入所施設は，障害児を対象に入所による支援を行う施設であり，主に生活や療育を目的とした福祉型と，病院の機能を備え治療も行う医療型の２種類が規定されている（児童福祉法第42条）。2017（平成29）年10月１日現在，福祉型が240施設，医療型が176施設あり，それぞれ6,774名と7,432名の子どもたちが暮らしている。

障害児入所施設は，2012（平成24）年の「児童福祉法」改正により設立された比較的新しい施設である。改正以前，障害児の入所する施設は子どもの障害

種別ごとに区分されており，知的障害児施設（知的障害児を対象とした入所施設）や盲児施設（視覚障害児を対象とした入所施設），重症心身障害児施設（重度の重複障害のある児童を対象とした入所施設）等に分かれていて，対象を明確にすることで利用児童に合わせた専門性の高い支援が行える利点があった。一方で制度の狭間に位置する子どもたちが利用対象から外れてしまったり，施設数が限られているため，家族の居住する地域の近隣に施設がないなどの課題が生じていたため，障害種別の枠を外し施設再編が行われた。その名残もあり，現在も知的障害児の利用が多い施設や肢体不自由児の利用が多い施設などが存在する。

　この施設で暮らしている子どもたちは，障害があることで保護者が自宅で養育を行えない状況にある子どもたちである。乳児院や児童養護施設などと異なり，利用契約制度での利用がほとんどであるが，虐待被害に遭い児童相談所の措置により入所している子どももいる。また，原則として18歳未満の子どもたちが生活しているが，18歳になっても家庭に戻ることができず，かつ成人の入所施設等が見つからないために入所を継続する利用者もいる。

　この施設は，障害のある子どもたちに対する療育と生活全般の支援を行うこと，必要に応じてリハビリテーションや医療的ケアを行うことが目的となる。入所している児童の障害の状況に応じて医師や看護師，理学療法士，作業療法士などが配置されている。

5）児童心理治療施設

　児童心理治療施設は，「家庭環境，学校における交友関係その他の環境上の理由により社会生活への適応が困難となつた児童を，短期間，入所させ，又は保護者の下から通わせて，社会生活に適応するために必要な心理に関する治療及び生活指導を主として行い，あわせて退所した者について相談その他の援助を行うことを目的とする施設とする」（児童福祉法第43条の２）とされている。2018（平成30）年３月現在，全国に46施設あり，1,892名の子どもたちが暮らしている。平均在所期間は2.1年，平均年齢は12.7歳である。

　入所している子どもの７割が児童虐待の被害に遭っており，心理治療等が必要であるため，医師が必置となっていたり心理療法担当職員が他の施設に比べて多く配置されている。内訳としては小学生（高学年）と中学生の占める割合

が高い。発達障害や知的障害等の障害のある児童の割合は7割を超える。

　この施設は「社会生活への適応が困難となった」子どもを治療することが目的となっているが，医師や心理療法担当職員のみでそれを行うのではなく，「総合環境療法」として生活を担当する保育士などのスタッフは生活そのものを治療の場としてとらえ，生活の中において治療を意識してかかわり，治療スタッフや生活スタッフ，そして学校教育を担うスタッフとの協働により治療を行っている。

6）児童自立支援施設

　児童自立支援施設は，「不良行為をなし，又はなすおそれのある児童及び家庭環境その他の環境上の理由により生活指導等を要する児童を入所させ，又は保護者の下から通わせて，個々の児童の状況に応じて必要な指導を行い，その自立を支援し，あわせて退所した者について相談その他の援助を行うことを目的とする施設とする」（児童福祉法第44条）とされている。2018（平成30）年3月末現在，全国に58施設あり，3,637名の子どもたちが暮らしている。平均在所期間は1.0年，平均年齢は14.1歳である。

　この施設で暮らしている子どもたちは不良行為や触法行為等を行った子どもたちで，児童相談所からの措置によって入所するが，家庭裁判所から児童相談所への送致による場合もある。入所している子どもたちは中学生の占める割合が高い。不良行為等の背景には虐待被害があることも多く，6割程度の子どもに虐待被害経験がある。また障害のある子どもの割合は4割を超える。

　施設内には分校などが設置されていることが多く，入所している子どもたちの生活は施設内でほぼ完結する。したがって支援においては，施設内での生活といった限定された時間的・空間的な枠組みの中で，「枠のある生活」ともいうべき支援基盤をもって行われる。

（2）子どもたちが通う施設

1）日中の支援を行う施設

　家庭で保護者と暮らしながら適切な福祉サービスを利用するために通うのが下記に紹介する通所（利用）型の施設である。下記に記した施設は児童福祉法に定められた児童福祉施設である。

2）保育所

保育所は，「保育を必要とする乳児・幼児を日々保護者の下から通わせて保育を行うことを目的とする施設（利用定員が20人以上であるものに限り，幼保連携型認定こども園を除く。）とする」（児童福祉法第39条）とされている。2017（平成29）年10月1日現在，全国に2万3,410施設あり，211万7,912名の子どもたちが利用している。

この施設を利用している子どもたちは，日中，保護者が仕事などの理由で不在であったり，求職中や家族の介護等の理由のため，保育が必要な子どもたちである。就学前までの子どもたちが利用している。

近年，女性の就労率の上昇とともに都心部を中心に施設数が不足している状況が社会問題化しており，行政は保育所の増設を行っているが，保育所待機児童の数は2018（平成30）年10月1日現在4万7,198人である。

3）児童厚生施設

児童厚生施設は，「児童遊園，児童館等児童に健全な遊びを与えて，その健康を増進し，又は情操をゆたかにすることを目的とする施設とする」（児童福祉法第40条）とされている。児童厚生施設は，野外で遊びを行う児童遊園と施設内で行う児童館に区分されている。2017（平成29）年10月1日現在，全国に児童遊園は2,380か所，児童館は4,541施設ある。

児童館は，規模・機能から，小型児童館，児童センター，大型児童館に分類される。学童が下校した後に遊びに行く場として社会的に認識されていることが多いが，特に近年は子育て支援にも力を入れている。午前中に乳幼児と保護者を対象とした養育講座や交流の場の提供を行ったり，放課後児童健全育成事業（学童保育）を行ったり，中高生が集えるような部屋を用意していたり，地域の子育て支援の拠点ともいえる活動を行っている。

4）児童発達支援センター

障害児を対象に通所による支援を行う施設であり，主に療育を目的とした福祉型と，病院の機能を備え治療も行う医療型の2種類が規定されている（児童福祉法第43条）。児童発達支援や医療型児童発達支援，保育所等訪問支援，障害児相談支援等の「児童福祉法」に定められた事業を行う。障害児入所施設同様に2012（平成24）年の「児童福祉法」改正により，施設の再編が行われた。

2017（平成29）年10月１日現在，全国に福祉型が489施設，医療型が92施設ある。

障害児の療育を提供する幼稚園のような存在といえる。利用児童の中には幼稚園や保育所に通いながら週１日または２日，この施設に通うという利用の仕方をしている子どもたちもいる。療育以外にも保護者への相談支援や，保育所等において発達に関する課題をもつ子どもの保育や保護者への支援に対する相談などを行っている。

５）幼保連携型認定こども園

幼保連携型認定こども園は，就学前の子どもを対象とし，幼稚園と保育所の機能を併せもった児童福祉施設（児童福祉法第39条の２）であり，同時に「就学前の子どもに関する教育，保育等の総合的な提供の推進に関する法律」（略称：認定こども園法）第２条第７項に規定された学校でもある。そのため，子どもの保育に携わる保育教諭は，幼稚園教諭免許状と保育士資格の両方をもつことが原則となっている。2017（平成29）年10月１日現在，全国に3,365施設あり，33万1,292名の子どもたちが利用している。

幼保一元化の流れで認定こども園が2006（平成18）年に設立され，2015（平成27）年に子ども・子育て支援新制度の下，幼保連携型認定こども園は新たな規定により運営されている。幼稚園的機能と保育所的機能の両方の機能をあわせもつ単一の施設である。

（３）その他の施設

１）助産施設

助産施設は，「保健上必要があるにもかかわらず，経済的理由により，入院助産を受けることができない妊産婦を入所させて，助産を受けさせることを目的とする施設とする」（児童福祉法第36条）とされている。主に産科病院や助産所が助産施設として指定されている。利用対象は，異常分娩のおそれがあるなど，入院しての助産を受けることが必要な妊産婦であって，所得が一定以下の人となっている。

２）母子生活支援施設

母子生活支援施設は，「配偶者のない女子又はこれに準ずる事情にある女子及びその者の監護すべき児童を入所させて，これらの者を保護するとともに，

これらの者の自立の促進のためにその生活を支援し、あわせて退所した者について相談その他の援助を行うことを目的とする施設とする」（児童福祉法第38条）とされている。2018（平成30）年3月末現在、全国に227施設あり、3,789世帯の入居があり、そのうち子どもの数は6,346名である。

　この施設は母子世帯が利用する施設であり、アパートやマンションのように各世帯のプライベートな生活環境が保障される施設形態の中で、入居世帯に対する支援が行われる。職員は主に母親の支援を行う母子支援員と子どもの支援等に携わる児童を指導する職員などが配置されている。近年はDVや児童虐待の被害に遭った母子の利用が多く、他に経済的困窮や若年の母親、外国で生まれ育った母親などの利用もみられる。そのため、母親への精神面での支援やペアレンティング教育、就労支援などが重要な取り組みとなっている。

3）児童家庭支援センター

　「地域の児童の福祉に関する各般の問題につき、児童に関する家庭その他からの相談のうち、専門的な知識及び技術を必要とする物に応じ、必要な助言を行うとともに、市町村の求めに応じ、技術的助言その他必要な援助を行うほか、（中略）あわせて児童相談所、児童福祉施設等との連絡調整等を総合的に行うことを目的にする」と「児童福祉法」第44条の2第1項に定められている。2017（平成29）年10月1日現在、全国に114施設ある。地域の子育て家庭の相談を行うとともに、児童相談所の業務の補完的な役割を果たす。

2── 「児童福祉法」に規定されている事業

（1）暮らしの場と支援

1）児童自立生活援助事業（自立援助ホーム）

　児童自立生活援助事業は、「次に掲げる者に対しこれらの者が共同生活を営むべき住居における相談その他の日常生活上の援助及び生活指導並びに就業の支援（以下「児童自立生活援助」という。）を行い、あわせて児童自立生活援助の実施を解除された者に対し相談その他の援助を行う事業をいう」（児童福祉法第6条の3第1項）とされている。対象となるのは、義務教育終了後から原則20歳までの者で、状況によって22歳の年度末までの利用が可能である。こ

の事業を行う施設のことを自立援助ホームと呼んでいる。2017（平成29）年10月1日現在，全国に154施設あり，573名の利用者がいる。

　児童養護施設退所後に引き続き支援が必要な人や，何らかの理由で家庭にいられなくなり働かざるを得なくなった人たちが利用している。何らかの理由の中には虐待も含まれている。現在の社会において，高校生や大学生の年齢の人たちが保護者からの支援を受けられずに1人で生きていくことは困難であり，支援者が寄り添い，生活場所の提供，生活支援，就労支援などを行うのが役割となっている。

2）小規模住居型児童養育事業（ファミリーホーム）

　小規模住居型児童養育事業は，「保護者のない児童又は保護者に監護させることが不適当であると認められる児童の養育に関し相当の経験を有する者その他の厚生労働省令で定める者の住居において養育を行う事業をいう」（児童福祉法第6条の3第8項）とされている。この事業およびそれを行う住居のことをファミリーホームと呼んでいる。2018（平成30）年3月末現在，全国に347か所あり，1,434名の子どもたちが利用している。

　この事業は，里親型のグループホームとも呼ばれる社会的養護の取り組みである。2名の養育者（夫婦）と補助者1名以上，または養育者1名と補助者2名以上により運営され，「養育者はファミリーホームに生活の本拠を置く者でなければならない」とされているため，子どもたちは養育者の住まいで家庭の一員として養育される。委託される子どもの人数は，5～6名とされている。厚生労働省は，里親とファミリーホームでの社会的養護を家庭養護と称している。

（2）日中過ごす場と支援

1）放課後児童健全育成事業（学童保育）

　放課後児童健全育成事業は，「小学校に就学している児童であつて，その保護者が労働等により昼間家庭にいないものに，授業の終了後に児童厚生施設等の施設を利用して適切な遊び及び生活の場を与えて，その健全な育成を図る事業をいう」（児童福祉法第6条の3第2項）とされている。一般的には学童保育で知られる事業である。2018（平成30）年5月1日現在，全国に放課後児童

クラブは2万5,328か所あり，登録児童数は123万4,366名である。

　この施設を利用している子どもたちは，保護者が労働等により昼間家庭にいない小学校に就学している児童であり，特別支援学校の小学部の児童も含まれる。また，「保護者が労働等」には，保護者の疾病や介護・看護，障害なども対象となる。小学校の余裕教室や小学校敷地内の専用施設，児童館等において実施されている。近年の保育所の待機児童問題と同様に，この事業についても利用を希望しても利用できない子どもが多く存在する。

2）地域型保育事業

　地域型保育事業は，保育ニーズの多様化や保育サービスの供給増を目指し取り組まれている公的な保育サービスで，2015（平成27）年4月より子ども・子育て支援新制度とともに開始された。家庭的保育事業，小規模保育事業，居宅訪問型保育事業，事業所内保育事業の4つがある。居宅訪問型保育事業以外の3事業は，認定こども園，幼稚園，認可保育所のいずれかの施設と連携することとなっている。連携施設は事業所内保育事業実施施設に対し，「保育内容の支援」「代替保育の提供」「卒園後の進級先の確保」等の支援を行う。

　家庭的保育事業は，研修を修了した保育士等が家庭的保育者として，その居宅等において保育を行う。対象は，主に3歳未満の保育を必要とする乳幼児で，5名以下とされ，「児童福祉法」第6条の3第9項に定められている。法制定以前より「保育ママ」の名称で取り組みが行われていた。2016（平成28）年4月1日現在，全国に958か所ある。

　小規模保育事業は，保育士等が，基準を満たした施設において保育を行う。主に3歳未満の保育を必要とする乳幼児を対象とし，6名以上19名以下とされ，「児童福祉法」第6条の3第10項に定められている。2017（平成29）年10月1日現在，全国に2,976施設あり，4万7,402名が利用している。

　居宅訪問型保育事業は，保育を必要とする乳幼児の居宅において家庭的保育者が保育を行う。3歳未満の乳幼児を対象として，保育を行う取り組みで，公的なベビーシッター事業といえる。「児童福祉法」第6条の3第11項に定められている。2016（平成28）年4月1日現在，全国に9か所ある。

　事業所内保育事業は，事業所が主体となって，その事業所の従業員の子どもを対象に開設する。定員の規模により，配置される職員や面積等の基準が変わ

る。事業所の職員を対象にするだけでなく，地域枠をもうけ，事業所外の子どもたちも利用でき，対象は3歳未満の保育を必要とする乳幼児である。「児童福祉法」第6条の3第12項に定められている。2016（平成28）年4月1日現在，全国に323か所ある。

3──児童福祉施設等の運営

（1）措置制度と利用契約制度

1）措置制度とは

児童福祉施設や「児童福祉法」に規定された事業を利用するためにはさまざまな方法が存在する。大きく措置制度と利用契約制度に分けることができる。措置制度は，福祉サービスを利用できるかどうか，利用する際に何を利用するかなどを，行政が判断する方式である。「児童福祉法」においては，乳児院や児童養護施設，児童自立支援施設，児童心理治療施設などでこの方式が採用されている。

例えば，児童虐待の通告が児童相談所に入った場合，児童相談所はその家庭を調査し，児童相談所で支援すべきか，支援する場合には在宅での指導を行うか，それとも保護者と子どもを分離して支援を行うべきか検討をする。分離を行い，その子どもを児童養護施設に入所させる場合には，行政処分として，その子どもが施設に入所するための手続きをする。これが措置である。

措置制度では，こうした経緯により施設入所が決定されるので，施設で暮らす子どもおよび保護者と施設との間に契約関係はない。また，施設を選ぶことも原則としてはできない。本人や保護者が施設入所を希望しない場合でも入所が決定されることがある。福祉サービスが一般的になってきた現在，こうした利用の仕方は利用者の権利擁護上，問題があると考えられ，1990年代以降，多くの福祉サービスが利用契約制度に移行した。

一方で児童虐待のように，子どもや保護者が施設の利用を希望しなくても，専門家（この場合は児童相談所）の判断により，子どもの最善の利益のために迅速に保護，支援が行えるという利点もあるため，社会的養護を担う乳児院や児童養護施設などではこの方式が用いられている。なお，費用に関しては施設

に対して国および自治体から運営に必要な資金が支払われる。

2）利用契約制度とは

利用契約制度は，多くの福祉サービスで採用されている。あらかじめ自身が利用を希望する福祉サービスの対象であるかを確認・手続きを行い，利用したい施設などに利用の申し込みを行い，利用を開始するというものである。利用者の負担額は，税金や介護保険による負担額を引いた額になる。税金や保険料などが支援に用いられるため，利用資格の審査においては行政が必ず関与する。児童福祉の領域では，保育所や母子生活支援施設等，「児童福祉法」に定められている多くの事業がこの方式による。

例えば障害児が障害児通所支援を利用する場合，保護者が市町村に障害支援区分の認定について申請を行い，サービス等利用計画の策定を経て，支給決定を受けた後，利用する施設と契約を結び，利用が開始される。

利用者がサービスを選択する点においては利用者主体の原則を尊重する形であるが，その分，利用者が自分の意思で選択したという責任，つまり自己責任が問われることになる。福祉サービスを利用する人々は生活の中で生きづらさを感じ，自身の力が十分に発揮できない状況にあるため，自己責任の考え方をすべての人に対して行うのは適切ではない。そのため，サービスの質においては，利用者の権利擁護のための仕組みが構築されている。

（2）児童福祉施設等の運営

1）設　　　置

福祉サービスは，第1種社会福祉事業と第2種社会福祉事業に分けられる。

第1種社会福祉事業は，利用者への影響が大きいため，経営安定を通じた利用者の保護の必要性が高い事業で，主として入所施設サービスである。施設の運営を行うのは，原則として国や地方自治体などの行政と社会福祉法人である。施設を設置して第1種社会福祉事業を経営しようとするときは，都道府県知事等への届出が必要になる。その他の者が第1種社会福祉事業を経営しようとするときは，都道府県知事等の許可を得ることが必要になる。「児童福祉法」に規定された施設の中では，乳児院や児童養護施設，児童自立支援施設，児童心理治療施設などが第1種社会福祉事業に規定されている。

　第2種社会福祉事業は，比較的利用者への影響が小さいため，公的規制の必要性が低い事業で，主として在宅や通所によるサービスである。この事業の運営を行う運営主体に制限はなく，すべての主体が届出をすることにより事業経営が可能となる。「児童福祉法」に規定されているのは，保育所や児童厚生施設などの児童福祉施設と，これまで紹介した各事業である。

2）運　　営

　児童福祉施設の運営については，「児童福祉施設の設置および運営に関する基準」が定められ，これに人員配置や設備等について規定されている。近年，社会的養護を担う施設においては，虐待被害等によって個別対応や専門的なケア等が必要な子どもの入所を受け，家庭支援専門相談員（ファミリーソーシャルワーカー）などの専門職の配置や設備の充実等が行われている。「児童福祉法」上の事業については，事業ごとに人員配置や設備等について定められている。

　児童福祉施設や「児童福祉法」に規定された事業は原則として税金によって運営される。表10―2に国，都道府県，市町村の負担割合を示した。国や都道府県が責任を持って行うべき福祉サービスについては国や都道府県が，地域に密着した福祉サービスについては市町村もその負担をする形で運営されている。

（3）サービスの質

1）苦情解決の仕組み

　「社会福祉法」第82条には「社会福祉事業の経営者は，常に，その提供する福祉サービスについて，利用者等からの苦情の適切な解決に努めなければならない。」とある。90年代以降，福祉サービスにおける権利擁護への取り組みが強く意識されるようになり，福祉サービスの利用が利用者の権利として認識されるようになった。そのため，苦情解決に事業者が取り組むことは事業者の重要な責務として位置づけられ，苦情解決に取り組むことで福祉サービスの質の向上が計られ，社会的信頼性の向上につながるとされている。

　苦情解決においては，苦情解決責任者（施設長や理事等），苦情受付担当者（職員），第三者委員を置くこととされている。苦情受付担当者は利用者から

表10―2　児童福祉施設の措置費（運営費・給付費）負担割合

施設種別	施設区分	費用負担			
		国	都道府県 指定都市 中核市	市	町村
児童福祉施設（※1）	都道府県立施設 市町村立施設 民間施設	1/2	1/2	–	–
母子生活支援施設 助産施設	都道府県立施設	1/2	1/2	–	–
	市町村立施設 民間施設	1/2	1/4	1/4	
	都道府県立施設 市町村立施設 民間施設	1/2	1/2		
保育所 幼保連携型認定こども園 小規模保育事業（所）	民間施設	1/2	1/4 （※2）	1/4	

※1　小規模住居型児童養育事業所（ファミリーホーム），児童自立生活援助事業所（自立援助ホーム）
　　　を含み，保育所，母子生活支援施設，助産施設を除く。
※2　指定都市・中核市は除く。
（出典）厚生労働省：平成30年度版厚生労働白書　資料編，2018より作成

の苦情の受付をし，その内容，意向等を確認し記録する。そしてその内容について苦情解決責任者と第三者委員への報告を行う。第三者委員を置く目的は，苦情解決に社会性や客観性を確保し，利用者の立場や特性に配慮した適切な対応を推進するためであり，苦情の解決に資することができる世間からの信頼を有する者が選任されることとなっている。苦情の内容を聞いた第三者委員は，利用者から苦情の内容を直接聞いたり，苦情を申し出た人や事業者に助言を行ったりして苦情を解決に当たる。福祉サービスの提供に関して，日常的に状況を把握するとともに，利用者の意見に傾聴することも求められる。

2）福祉サービス第三者評価

　福祉サービス第三者評価は，福祉サービス提供事業者でも利用者でもない第三者の評価機関が福祉サービスについて規定の項目に従い評価を行うものであ

り，評価結果はインターネット上などにおいて公表されることとなっている。

受審は社会福祉事業の事業者が任意で受ける仕組みであるが，社会的養護関係施設（児童養護施設，乳児院，児童心理治療施設，児童自立支援施設，母子生活支援施設）については，子どもが施設を選ぶ仕組みでない措置制度等による施設であり，施設長による親権代行等の規定もあること，被虐待児等が増加し，施設運営の質の向上が必要であることから，受審が義務づけられている。

社会的養護関係施設については，第三者評価を3か年度に1回以上受審することと定められている。また，その間の年度においては，第三者評価基準の評価項目に沿って，自己評価を行わなければならない。なお，社会的養護関係施設以外の受審率（受審施設数／全施設数）は大変低く，平成29年度は保育所が

表10─3　第三者評価共通評価基準ガイドライン（保育所解説版）の一部

Ⅲ　適切な福祉サービスの実施
Ⅲ-1　利用者本位の福祉サービス
Ⅲ-1-（1）　利用者を尊重する姿勢が明示されている。
28 Ⅲ-1-（1）-①　子どもを尊重した保育について共通の理解をもつための取組を行っている。
29 Ⅲ-1-（1）-②　子どものプライバシー保護等の権利擁護に配慮した保育が行われている。
Ⅲ-1-（2）　福祉サービスの提供に関する説明と同意（自己決定）が適切に行われている。
30 Ⅲ-1-（2）-①　利用希望者に対して保育所選択に必要な情報を積極的に提供している。
31 Ⅲ-1-（2）-②　保育の開始・変更にあたり保護者等にわかりやすく説明している。
32 Ⅲ-1-（2）-③　保育所等の変更にあたり保育の継続性に配慮した対応を行っている。
Ⅲ-1-（3）　利用者満足の向上に努めている。
33 Ⅲ-1-（3）-①　利用者満足の向上を目的とする仕組みを整備し、取組を行っている。
Ⅲ-1-（4）　利用者が意見等を述べやすい体制が確保されている。
34 Ⅲ-1-（4）-①　苦情解決の仕組みが確立しており、周知・機能している。
35 Ⅲ-1-（4）-②　保護者が相談や意見を述べやすい環境を整備し、保護者等に周知している。
36 Ⅲ-1-（4）-③　保護者からの相談や意見に対して、組織的かつ迅速に対応している。

（出典）全国社会福祉協議会ホームページ

6.45％，福祉型障害児入所施設が7.98％となっている（全国社会福祉協議会）。

3）被措置児童等虐待防止対策

被措置児童等虐待防止対策とは，いわゆる施設内虐待防止の取り組みであり，社会的養護を担う児童養護施設や乳児院，里親，児童相談所の一時保護所などを対象としている。

現在，社会的養護を担う施設等には虐待被害に遭った子どもたちが多く利用しており，職員からの不適切な対応はさらなる心の傷を子どもたちに与えることになる。そのため，被措置児童等への虐待が生じないよう，職員の専門性の向上や職員体制の工夫などが必要となる。もし虐待被害が生じた場合には，入所型の施設は閉鎖的な空間であるため，状況が外部に知られにくい構造があることから，発見，通告等の流れが規定されている（図10―1）。都道府県の調査の結果，虐待が認められた場合には，施設に対する指導や子どもに対するケアが行われる。

●**演習コーナー**●

・本章で説明した児童福祉施設または事業を1つ選び，下記の①から④の項目についてまとめ，他の受講生に説明しよう。

　①施設・事業の目的，②利用者の状況，③利用するための手続き・利用料金，④支援の内容，⑤配置されている専門職，⑥改善すべき課題

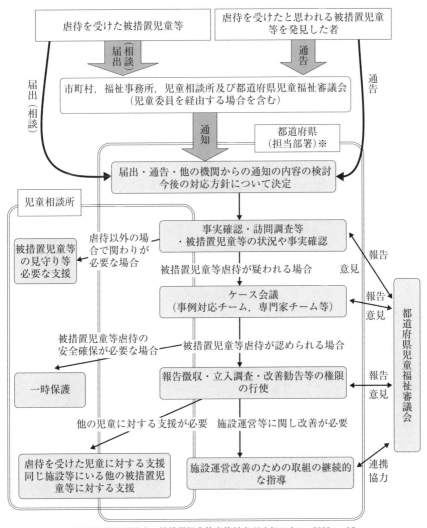

（出典）厚生労働省：被措置児童等虐待対応ガイドライン，2009，p.12

図10―1　被措置児童虐待対応の流れ（イメージ）

参考文献

・厚生労働省：平成30年10月時点の保育所等の待機児童数の状況について，2019
・厚生労働省：社会福祉事業の経営者による福祉サービスに関する苦情解決の仕組みの指針について（局長通知），2019
・厚生労働省：福祉行政報告例，2018
・厚生労働省：平成29年社会福祉施設等調査の概況，2018
・厚生労働省：平成30年（2018年）放課後児童健全育成事業（放課後児童クラブ）の実施状況（平成30年（2018年）5月1日現在），2018
・厚生労働省：児童養護施設入所児童等調査の結果（平成25年2月1日現在），2015
・社会的養護関係施設の運営指針
・厚生労働省：乳児院運営ハンドブック，2014
・厚生労働省：児童養護施設運営ハンドブック，2014
・厚生労働省：情緒障害児短期治療施設（児童心理治療施設）運営ハンドブック，2014
・厚生労働省：母子生活支援施設運営ハンドブック，2014
・厚生労働省：児童自立支援施設運営ハンドブック，2014

第11章　世界の子ども家庭福祉

1——先進各国の子ども家庭福祉

　今日では，権利の主体として子どもの育ちを支えることが認識されており，同時に，世界的に子育て政策に対する関心は高い。そのなか，ユニセフ・イノチェンティ研究所は，先進各国において子どもの権利がどの程度保障されているのか子どもの実態を比較・分析し，ほぼ毎年，その結果をレポートカード（通信簿）として報告している。

　2016年の「レポートカード13」では，子どもや子どもの権利を取り巻く問題のうち，子どもの幸福度の格差に焦点を当て，子どもの幸福度を高めるための提言を行っているが，子どもの幸福度は，個人が置かれた状況によってではなく政策の選択によって決まるとして，政策の重要性を説いている。また，翌年の「レポートカード14」では，先進国においてさえ，進歩がすべての子どもに恩恵を与えず，むしろ，格差が助長される現状になっていると注意を促し，政府に対し，すべての子どもの幸福が達成されるよう行動する必要があることを述べている。

　以下，主要な先進各国（アメリカ，イギリス，イタリア，オランダ，スウェーデン，ドイツ，フランス）の子どもや家庭に関する福祉政策を紹介する。具体的な政策の概況については表11—1（p. 134）を参照してほしい。

（1）アメリカ

　アメリカ全体の半数の子どもたちが，ひとり親との生活を経験しているといわれている。そうした生活は，子どもの心身の発達や福祉に深刻な問題を生じさせる可能性がある。特に母親との生活では生活困窮の危険性が高い。そこで，子どものいる貧困家庭をめぐる問題を重要視し，1990年代半ばに福祉改革

が進められた。子どもを養育する低所得家庭を対象とする**TANF**（貧困家庭一時扶助）や児童扶養強制プログラムにより，親の捜索，確定および児童扶養経費の支払命令を実施し，養育していない親からの養育費徴収を行っている。

　また，2010年には，低年齢の子どもに対する家庭訪問を行う「**患者保護とアフォーダブル・ケア法**」（ACA）が立法化された。これは，子どもの医療に関するプログラムをも含み，質の高い家庭訪問を行うことで子どもの健康，親への育児支援，就学準備状況の改善，さらには虐待，子どもの事故などの減少を目指している。連邦レベルでは，「**養子縁組・安全家族法**」，「**児童虐待予防・取締り法**」，「**子どもと家族の安全維持法**」といった法律が制定されているが，子どもの健全育成のために，虐待問題は社会的関心を集めている事項の1つである。

（2）イギリス

　貧困問題と仕事と家庭の両立支援策を子ども家庭福祉政策の中心に置き，「福祉から雇用へ（Welfare to Work）」というスローガンの下に一連の施策を実施している。児童手当や児童税額控除制度等による現金給付と，地域的に不利な環境にある家庭を対象とした育児環境の総合的改善を図る取り組み（シュア・スタート）を推進してきたが，これらの取り組みをより促進させるための「**子ども貧困法**」が2010年に成立した。2004年に「チャイルドケア10か年戦略」が発表されて以降，就学前教育も保育も同一省による管轄下で，保育サービスの供給増加，無料幼児教育拡大など，対策の強化がなされた。

（3）イタリア

　子ども家庭福祉に関しては，長い間国として特別な対応がとられなかった。しかし，未婚・晩婚化が進み，少子高齢化社会が到来すると，年金問題などが社会問題となり，対策が検討されるようになった。保育需要の増加と多様化に対応できるよう，保育施設の増設や出産・育児休業制度の整備に取り組み，低所得者層には現金給付や所得控除を充実させていることが対策の特徴である。

　また，子ども家庭福祉サービスの脱施設化を図り，定員12人以上の居住型児童養護施設がほとんどなくなった。

（4）オ ラ ン ダ

　先進21か国における子ども家庭福祉の充実度を比較したユニセフの評価では，オランダは常に上位に位置する。政府は，少子化に対応した出生力水準の維持や達成を目標とするのではなく，労働者における家庭と仕事との両立を目指した雇用政策に重点を置くことによって子ども家庭福祉の充実を図っている。

（5）スウェーデン

　高福祉で有名な国の１つであり，家族政策への財政支出は高い水準となっている。育児休業期間中の収入減を補償するとともに，職場復帰後には，公的保育サービスによって男女共働き社会を支えるしくみをつくっている。政府は保育サービスや育児休業給付などの水準を高く保つことで，教育も視野に入れた子どもの健全育成を促している。

（6）ド イ ツ

　伝統的に，特に旧西ドイツ地域では子育ては家族で行うものという社会規範が根強くあり子ども家庭福祉に積極的ではなかったが，子育てに関する家族の負担の調整と出産・育児休業を軸にした政策を展開している。また，仕事と子育ての両立支援のために，2004年に発足した「家族のための地域同盟」によって市議会や行政，企業，労働組合，教会，家族などのボランティアが横のつながりを意識し，各地域の実情に合わせて家族に優しい環境づくりのための活動が展開されている。

（7）フランス

　少子化対策や家族政策に関して積極的な子育て支援策を打ち出してきた国である。家族政策においては，子どもをもつ親の働き方に関して幅広い選択肢を設け，選択できる環境を整備している。しかし，ヨーロッパ諸国の中でも高い出生率を維持してきたが，2014年より低下を続けている。また，近年，児童虐待が増加しており，2007年に「児童保護法」が改正され，予防システムの強化，子どもと家族への介入方法の多様化が焦点となり，専門職間の連携と協力の必要性が掲げられた。

表11—1　各国の家族政策の概況

国	法定出産休暇（週）	育児休業	保育サービス	児童手当・税制
アメリカ	0	・他国のような出産休暇や育児休暇は制度化されていない。 ・「家族及び医療休暇法」に基づき取得できる12週間の休暇の理由の1つとして、家族の介護や本人の療養とともに育児（子の誕生から1年以内）が位置づけられている。 ・休業給付はない。	・全国統一的な制度は整備されておらず、州政府が整備し、基準を定める。連邦政府は、保育部を設置し、州に対し財政的支援を実施。	・児童手当制度はない。 ・被扶養者の所得控除に加えて、17歳未満の扶養児童は児童税額控除あり。
イギリス	52	・子どもが5歳になるまでの13週間。 ・雇用期間、賃金要件を満たす場合、休暇（母親、父親、両親共有）に対する給付あり。	・公立施設は少なく、企業内施設や民間施設が主体。 ・5歳未満児の10数％をカバーする程度でサービス不足。 ・利用料は原則親の負担だが、保育費用の80％（上限あり）が税額控除。 ・近年保育施設の拡充に積極的に取り組む。	・第1子から。 ・16歳未満（一定の訓練又は教育を受けている子の場合は20歳未満）。 ・第1子週20.50ポンド、第2子以降週13.55ポンド ・所得制限あり。 ・児童税額控除制度あり。年間所得が低い世帯ほど控除額が大きくなるしくみ。
イタリア	21.5	・子どもが8歳になるまでの両親合計10か月（父親が3か月以上の取得で合計11か月）。 ・事業主から休暇前賃金の30％相当額が支給。	・制度化されたのが遅く、保育所整備は遅れており（3歳未満児に占める保育所整備水準は7％程度）、多くの親が親族の助けに大きく依存。 ・近年、保育施設の拡充に積極的に取り組む。	・家族手当…18歳未満の子がいる低所得の被用者家庭に支給。額は家族構成や年収により異なる。また、農民、職人等の低所得家庭には、18歳未満の子ども1人に月10.21ユーロが支給。 ・大家族手当…18歳未満の子が3人以上いる低所得・低資産家庭に支給。 ・税制では、所得控除あり（3歳未満は手厚く、所得が増加すると減少）。
オランダ	16	・同じ使用者の下で1年以上働いている人の場合、子どもが8歳になるまで6か月間取得可だが、賃金は特別の定めがない限り無給（公的部門の労働者は賃金の75％まで支給）。 ・夫は2日の有給休暇（父親休暇）を取得可。 ・休暇の取得について、フルタイムかパートタイムの区別は問わない（所定労働時間が週20時間未満の者は適用除外）。	・子どもを平日すべて保育所に預けることは稀で、大半の親がパートタイム労働を選択し、週に何日か時間単位で利用するのが一般的。 ・雇用者が保育費用を負担する規定を盛り込んだ、労使協定が増加。 ・施設保育に加え、保育ママも利用。	・18歳未満の子どもをもつ家庭は、児童手当を受け取るか、税制上の優遇措置を受けるかどうかを選択することができる。 ・第1子より18歳になるまで3か月分を単位として支給。 　6歳未満190.19ユーロ 　6〜12歳未満230.95ユーロ 　12〜18歳未満271.70ユーロ ・所得制限なし。 ・児童手当を受けない世帯は、親の年収、年齢、扶養する子どもの人数に応じて税制上の控除が細かく受けられ、所得の少ない世帯ほど手厚い控除が受けられる。

国	法定出産休暇（週）	育児休業	保育サービス	児童手当・税制
スウェーデン	14	・子が8歳までの間、両親合わせて最高480日の休業給付を受給可（親保険制度、最初の390日は従前賃金の80％、その後90日は最低保障額を給付、保険料率（事業主負担）は賃金の22％）。 ・2014年1月1日以降に生まれた子については受給期間は12歳になるまで。4歳以降に受給可能日数最大96日取得可。	・集団で施設保育の保育所、家庭的なファミリー保育によって提供。 ・基礎的自治体（コミューン）に保育の実施責任。 ・サービス整備水準は高い（逆に、両親休暇制度により、0歳児の保育所利用はきわめて稀）。 ・3歳から就学前のすべての児童に少なくとも525時間／年の無料保育所サービス提供。	・第1子から、16歳未満（学生は18歳まで）。 ・子1人当たり月1,250スウェーデンクローネ（SEK）。 ・子2人以上の場合、多子割増手当（16～19歳の学生も対象）。 ・所得制限なし、国庫。 ・税制における対応はなし。
ドイツ	14	・子が3歳になるまで両親合わせて最長3年取得可。 ・12か月間（両親で休業を取得する場合は最大合計14か月間）、従前手取り収入の67％、上限月1,800ユーロを保障する両親手当が導入。	・旧西ドイツでは、3歳未満の育児は家庭の役割との意識が強く、保育の整備水準が低い（3歳未満児に対する保育サービスの利用は33.6％（2017年、旧西独29.4％、旧東独51.5％））。 ・2008年から「保育助成法」が施行、その後、第3次の「保育資金調達（2015-2018）」により、保育所の量的整備を実施。 ・保育費用の3分の2（年額59.6万円が限度）は必要経費として税控除の対象となる。	・第1子から、18歳未満（失業者は21歳未満、学生は25歳未満）、所得制限なし。 ・第1子、第2子 月184ユーロ 　第3子 月190ユーロ 　第4子以降 月215ユーロ ・児童扶養控除、監護・養育教育控除あり（児童手当との選択制）。
フランス	16	・子が3歳になるまで。 ・「乳幼児迎え入れ手当」から第1子6か月、第2子以降は3歳まで賃金補助あり。財源は児童手当と同じ。	・集団託児所、ファミリー保育所、認定保育ママなどにより提供。 ・認定保育ママ利用に関しては、「乳幼児迎え入れ手当」から保育費用補助が受けられ、税額控除あり）。	・第2子以降、20歳未満（子の所得制限あり）。 ・多子加算あり。 ・所得制限あり（一定所得以上の者に対する減額の仕組みあり）。
日本	14	・子が1歳に達するまで（保育所に入所できないなど一定の場合には1歳6か月に達するまで）子を養育する男女が取得できる。 ・育児休業給付として、雇用保険から休業前の賃金の50％が給付。	・両親が就労するなどにより家庭での保育を必要とする児童は保育所で保育を受ける。 ・3歳未満児の約18％、3歳以上児の約38％が保育所を利用。 ・待機児童の解消が課題。	・第1子から、中学校修了まで。 ・3歳未満15,000円、3歳以上小学校修了前10,000円（第3子以降は15,000円）、中学生10,000円。 ・所得制限あり（所得制限以上の者に対しては、一律5,000円）。

（資料）・萩原康生・松村祥子ほか編集代表：世界の社会福祉年鑑2009，旬報社，2009
　　　　・宇佐見耕一・小谷眞男ほか編集代表：世界の社会福祉年鑑2014，旬報社，2014
　　　　・宇佐見耕一・小谷眞男ほか編集代表：世界の社会福祉年鑑2015，旬報社，2015
　　　　・宇佐見耕一・小谷眞男ほか編集代表：世界の社会福祉年鑑2016，旬報社，2016
　　　　・宇佐見耕一・小谷眞男ほか編集代表：世界の社会福祉年鑑2017，旬報社，2017
　　　　・国立社会保障・人口問題研究所：平成28年版 社会保障統計年報，法研，2016
　　　　・厚生労働省編：世界の厚生労働2016（2015年海外情勢報告），2016
　　　　・厚生労働省編：世界の厚生労働2019（2018年海外情勢報告），2019

2——発展途上国の現状

　親などの大人に守られながら毎日安全に健やかに暮らせる生活は，世界の多くの子どもたちにとってはあたり前のことではない。児童労働，出生登録がされないなど，発展途上国においても解決すべき問題が山積している。2000年に国連ミレニアム・サミットで採択された国連ミレニアム宣言を基に，発展途上国を対象として，ミレニアム開発目標（Millennium Development Goals：MDGs）が採択されている。MDGs は，極度の貧困と飢餓の撲滅など，2015年までに達成すべき8つの目標を掲げ，一定の成果をあげている。その成果は，

────────■■■コラム■■■────────

子どもをめぐる世界の事情

　以下の書籍では，世界の事情がさまざまな切り口で紹介されている。日本ではイメージしにくい子どもの姿を知ることで，身近なところから福祉実践の第一歩を踏み出すことができるだろう。

・『わたしは10歳，本を知らずに育ったの。—アジアの子どもたちに届けられた27万冊の本』
　鈴木晶子・山本英里・三宅隆史著，シャンティ国際ボランティア会編集，合同出版，2017
・『世界がもし100人の村だったら　完結編』
　池田香代子編集，マガジンハウス，2008
・『ぼくは13歳　職業，兵士。—あなたが戦争のある村で生まれたら』
　鬼丸昌也・小川真吾著，合同出版，2005
・『あなたが世界を変える日—12歳の少女が環境サミットで語った伝説のスピーチ』
　セヴァン・カリス＝スズキ著・ナマケモノ倶楽部編訳，学陽書房，2003
・『チルドレンズ・ライツ—いま世界の子どもたちは』
　チルドレンズ・ライツ刊行委員会編，日本評論社，1989

平均値でとらえると状況の改善がみられるが，公平性の達成にはまだ遠い現状にあり，世代間の負の連鎖を断ち切るためにも，MDGsの内容は「持続可能な開発のための2030アジェンダ」（2030アジェンダ）に引き継がれ，対応がなされている。発展途上国に住む子どもたちの生活にかかわる問題のうち，主要な3つについて紹介したい。

（1）貧　　困

　発展途上国に住む子どもの半数以上が，貧しい生活を強いられている。狭い部屋に何人もの家族で住み，きれいな水が手に入らない不衛生な環境で，学校にも行くことができずに生活している。不衛生な環境は，子どもにとっては命にかかわることもある。下痢，その他の病気にかかりやすく，そのうえ栄養不良も重なれば，5歳の誕生日を迎えることなく死亡する場合も少なくない。

　貧困の根は深く，その原因の多くは単純な地理的・自然的な要因によるものだけでなく，政治的・社会的な要因が複雑に絡み合った結果である。さらに貧困は，政治的・社会的不安定を生み出し，難民が生じ，国内紛争に発展し，逆にそれがまた次の貧困の一因となる悪循環を生んでいる。

　このような社会の中で子どもたちは，生きるため，家族を養うために働かざるを得ないこともある。その多くは，工場や農園など劣悪な労働環境の中で過酷な労働を強いられている。また，家庭が崩壊し，子どもが家を飛び出し，路上で生活するという**ストリート・チルドレン**も多い。物乞い，ゴミ拾い，清掃，靴磨きなどをし，かろうじてその日の食費を稼ぐ。こうした子どもたちは，犯罪，病気，事故といった危険と隣り合わせの生活をしている。さらに貧困問題は，子どもをお金で買うといった人身売買の問題をも引き起こす。

　こうした貧困は子どもの生存権そのものを脅かすため，ユニセフをはじめとする多くの機関が子どもへの支援，家族への支援を行っている。その結果，栄養不良や伝染病によって命を落とす子どもたちの数は減少している。

（2）戦争・紛争

　戦争や紛争の犠牲で，死亡したり負傷したりする子どもがいる。住んでいる村を追われた子どももいれば，難民になった子どももいる。当然，目に見えな

い心の傷を負った子どもたちは数え切れないほどである。子どもが拉致され，**子ども兵士**として使われることもある。2004年には，15～20万人の子ども兵士が存在しているといわれている。武器をもつ子どもだけでなく，軍の中で雑用係として働かされる者もいれば，性的奴隷となる者もいる。

　こうした戦時下における児童の国際的保護は，「**子どもの権利条約**」第38条や「子ども権利に対する選択議定書」に定められており，同時に，子ども兵士の解放と社会復帰に向けての働きかけも行われている。その他，依然多く存在する難民に対しても「子どもの権利条約」第22条に明示してあるが，戦争の影響を受けた子どもたちがそれまでの生活を取り戻すことは非常に大変なことであり，実際には十分な保護がなされているとはいい難いのが現状である。

（3）HIV

　1980年代，HIV（ヒト免疫不全ウイルス）によるエイズ（AIDS：後天性免疫不全症候群）等の社会問題は，女性や子どもから遠く離れたところにあると思われていたが，1990年代にはHIV対策が女性や子ども家庭福祉の緊急課題となっていた。2014年時点で，HIVで親が死亡し孤児となった者が推定1,330万人いる。そのうち80％がサハラ以南のアフリカの子どもたちである。

　子どもたちにとって，母子感染や母乳感染の危険性以外にも，その生活を変えることにもつながる。たとえば，幼い子どもが親の死に遭遇した結果，孤児となった子どもは家族という守ってくれるものをなくす。新しい家庭が子どもにとって温かい場所であれば問題ないが，奴隷のように扱われたりすることもある。こうした子どもたちは結局，ストリート・チルドレンとなったり，人身売買の犠牲になったり，子ども自身も性感染症やHIV感染に侵され，身体的にも蝕まれる可能性も秘めている。

　また，学校を中途退学せざるを得なくなり，教育を受ける機会を失い，働かなければならなくなることもある。発展途上国の子どもたちにとって教育を受けられないということは，自分の将来に対する希望を奪われることに等しい。読み書きそろばんができなければ，いつまでたっても子どもでもできるような，あるいは劣悪な不安定な仕事しかできないということになるからである。

　最後に，発展途上国に住む子どもたちは，子ども時代を子どもらしく過ごす

ことができないばかりでなく，大人になるための教育訓練や自己実現のための機会を身につけることなく，毎日危険の中で生活しており，生存することすら危うい状況である。すなわち，こうした問題は子どもの人権と深くかかわっている。貧困や戦争，倫理観の退廃，秩序の崩壊を背景に，世界の子ども家庭福祉に関する問題が深刻さを増している今日だからこそ，国際社会は，「子どもの権利条約」を再認識し，遵守しなければならないだろう。

●演習コーナー●
・あなたが行ったことのある国，あるいは，行ってみたい国の乳児死亡率や子どもの生活などについて，世界子供白書の統計を使って調べてみよう。
・ユニセフや JICA（国際協力機構）の活動について調べてみよう。
・先進国における子どもの貧困について，実態を調べてみよう。

参考文献

・厚生労働省編：世界の厚生労働2016（2015年海外情勢報告），2016
・厚生労働省編：世界の厚生労働2019（2018年海外情勢報告），2019
・国立社会保障・人口問題研究所編：平成28年版 社会保障統計年報，法研，2016
・宇佐見耕一・小谷眞男ほか編集代表：世界の社会福祉年鑑2014，旬報社，2014
・宇佐見耕一・小谷眞男ほか編集代表：世界の社会福祉年鑑2015，旬報社，2015
・宇佐見耕一・小谷眞男ほか編集代表：世界の社会福祉年鑑2016，旬報社，2016
・宇佐見耕一・小谷眞男ほか編集代表：世界の社会福祉年鑑2017，旬報社，2017
・ユニセフ：世界子供白書2013，世界ユニセフ協会，2013
・ユニセフ：世界子供白書2014，世界ユニセフ協会，2014
・ユニセフ：世界子供白書2015，世界ユニセフ協会，2015
・ユニセフ：世界子供白書2016，世界ユニセフ協会，2016
・ユニセフ イノチェンティ研究所・阿部彩・竹沢純子：イノチェンティ レポートカード11，日本ユニセフ協会，2013
・ユニセフ イノチェンティ研究所：イノチェンティ レポートカード13，日本ユニセフ協会，2016
・ユニセフ イノチェンティ研究所：イノチェンティ レポートカード14，日本ユニセフ協会，2017

第12章　子ども家庭福祉の専門職

1──子ども家庭福祉の範囲

　かつての「児童福祉」にかわり，今日では，「子ども家庭福祉」や「子どもの福祉」という呼び方が定着してきている。子ども家庭福祉の専門職について考えるにあたり，まず，その背景を考えてみよう。

　第一に，子どもの福祉を考える時，「子どもだけに目を向けていては不十分」という点である。子どもに対し，施設内でいかに優れたケアを提供しようとも，ベースとなる家庭（家族）への支援なくしては，子どもの健全な発達や子どもの家庭復帰（要保護児童の場合）は実現しない。つまり，子どもと家庭（家族）を総体としてとらえる視点が重要であるといえる。

　第二に，児童福祉が，問題が顕在化した後の子どもや家庭を対象としていた「ウェルフェア（welfare）」の福祉であったのに対し，子ども家庭福祉は，潜在的な問題を抱えた子どもや家庭を対象とした「ウェルビーイング（well-being）」の福祉だという点である。問題が発生し，何らかの不利益を被った子どもへの事後対応から，予防・啓発へとその考え方がシフトしている。つまり，親（保護者）を中心とした「子どもを取り巻く環境」に働きかけてこそ，予防・啓発は効果を発揮するという考え方に立っている。

　第三に，問題の複雑化・困難化である。第二次世界大戦後の戦災孤児の保護に始まった児童福祉は，今日では，児童虐待や発達障害，小児うつをはじめとしたメンタルヘルス問題など，その対象を拡大し，深化させている。このような問題は，子ども個人（本人）からのみ生み出されるのではなく，その多くが，親（保護者）との関係性，家庭環境の中で生じるものである。つまり，表面的な事象にとらわれ，対症療法的な支援を行っていたのでは，問題の根本的解決には至らない。

このような状況に対応するため今日では，実に多くの専門職が，固有の専門知識・技術を強化しつつ，他職種連携（あるいは多職種連携）しつつかかわっている。そこで，前述のような視点をふまえつつ，子ども家庭福祉にかかわる専門職・専門資格について，解説していくことにする。

2——専門職の種類（資格・任用資格・職名）

子ども家庭福祉にかかわる専門職は実に多岐にわたる。私たちが普段何気なく目にしている専門職の種類（名称）も，資格要件や使用条件によってさまざまに分けることができる。ここでは，個別の専門職の解説に入る前に，専門職の種類（条件）について解説することにする。

（1）資格（国家資格・民間資格）

資格とは，特定の業務に就くために必要な条件である。国（および関連機関）が認定するものは「**国家資格**」，民間団体の場合は「（民間）資格」と呼ばれ，試験の合格や，所定の学校の修了により取得できるものが多い。

福祉系の国家資格としては保育士や社会福祉士，医療系では医師や看護師などがある。一方，心理系の資格である臨床心理士は，日本臨床心理士資格認定協会が認定する資格であるため，（民間）資格である。

（2）任 用 資 格

「**任用資格**」とは，所定の業務に従事する者が，一定の条件を満たしている場合に称することのできる資格である。たとえば，児童養護施設などに勤務する**児童指導員**，福祉行政の現業員である**社会福祉主事**などがこれに該当する。

任用資格は，その資格に関連する業務に従事している場合に限り，効力を発揮する。そのため，たとえば社会福祉主事任用資格をもっている者が福祉関係以外の業務に従事している場合には，社会福祉主事とは称しない。

（3）職 　 名

職名とは，職位や職階とも称されるが資格要件等は関係なく，あくまで，所

属する組織の中で用いられる立場や，複数の資格をひとくくりにして称する場合などに用いられるものである。

たとえば，医療機関で相談支援業務に従事する者を一般に「医療ソーシャルワーカー」と称するが，医療ソーシャルワーカーを名乗るための条件は，特に定められていない。そのため，医療機関によっては，社会福祉士の有資格者，精神保健福祉士の有資格者，福祉系４年生大学を修めた者（前述の国家資格は所持していない）が混在している場合がある。

3──児童福祉施設や相談機関の専門職（資格）

２．をふまえて，ここでは，子ども家庭福祉にかかわる専門職（専門資格や職名）について，解説することにする。

（1）保 育 士

保育士は，子ども家庭福祉業務の中核を担う専門職であり，国家資格である。「児童福祉法」第18条の４で定められており，「保育士の名称を用いて，専門的知識及び技術をもつて，児童の保育及び児童の保護者に対する保育に関する指導を行うことを業とする者」とされている。

資格取得の条件としては，「都道府県知事の指定する保育士を養成する学校その他の施設（「指定保育士養成施設」）を卒業した者」，または，「保育士試験に合格した者」とされている（同法第18条の６）。なお，保育士の資格を取得した者がその資格を用いて業務に従事するためには，都道府県への届出が必要とされており，都道府県に備えられた保育士登録名簿に登録を行い，保育士登録証の交付を受けなければならない（同法第18条の18）。

保育士の活躍するフィールドは実に幅広く，保育所（保育園）や認定こども園（3歳未満児を対象とする）のほか，乳児院，児童養護施設などの児童福祉施設，児童相談所（一時保護所）などもその対象となる。そのため，一般的に保育士というと，乳幼児を対象とするイメージが強いが，実際にはもっと幅広く，「児童福祉法」で規定されている「児童（すなわち18歳未満）」を対象とする専門職である。

（2）児童指導員

　児童指導員は，児童養護施設や障害児施設などの各種児童福祉施設において，子どもの生活支援や学習指導，家庭環境調整などの業務を行う職種である。施設種別によってその業務内容や性質が異なるが，基本的には，保育士など他の専門職と同様，子どもの生活全般にかかわる直接支援を行っている。

　児童指導員は任用資格であるため，それ自体の資格を取得するのではなく，資格要件を満たすことで，児童指導員と称することができる。具体的には，「児童福祉施設の設備及び運営に関する基準」（以下，設備運営基準という）第43条で定められており，①都道府県知事の指定する児童福祉施設の職員を養成する学校その他の養成施設を卒業した者，②社会福祉士の資格を有する者，③精神保健福祉士の資格を有する者，④学校教育法の規定による大学の学部で，社会福祉学，心理学，教育学もしくは社会学を専修する学科またはこれらに相当する課程を修めて卒業した者，など計10項目が要件として定められており，いずれかを満たさなければならない。なお，児童指導員の場合，保育士のような登録制度は存在しない。

（3）児童福祉司

　児童福祉司は，児童相談所に配置され，「相談及び調査をつかさどる職員」とされている（児童福祉法第12条の３第４項）。具体的には，子どもや子育てにかかわるさまざまな相談支援，家庭環境調査，社会診断等の業務に従事する。

　児童指導員と同様に，任用資格であり，任用要件は，同法第13条の３で定められている。具体的には，「①都道府県知事の指定する児童福祉司もしくは児童福祉施設の職員を養成する学校その他の施設を卒業し，又は都道府県知事の指定する講習会の課程を修了した者，②学校教育法に基づく大学又は旧大学令に基づく大学において，心理学，教育学若しくは社会学を専修する学科又はこれらに相当する課程を修めて卒業した者であつて，厚生労働省令で定める施設において１年以上児童その他の者の福祉に関する相談に応じ，助言，指導その他の援助を行う業務に従事した者，③医師，③－２社会福祉士」など計６項目が要件として定められており，いずれかを満たさなければならない。

（4）児童心理司

　児童心理司は，児童相談所に配置され，子どもの心理検査，診断面接等による心理診断，カウンセリング等の業務を行う職種である。以前は心理判定員の呼称が用いられていたが，2005（平成17）年の「児童相談所運営指針」の改正により，児童心理司の名称が用いられるようになった。

　任用要件としては，①医師であって，精神保健に関して学識経験を有する者，②学校教育法に基づく大学または旧大学令に基づく大学において，心理学を専修する学科またはこれに相当する課程を修めて卒業した者，とされているが，一般的には，臨床心理士の資格が求められることが多い（児童福祉法第12条の3第5項）。

（5）社会福祉主事

　社会福祉主事は，「**社会福祉法**」第18条および第19条で規定された，社会福祉の現業を担う職種である。任用資格であり，都道府県や市，福祉事務所等に配置され，「福祉六法」（児童福祉法・生活保護法・母子及び父子並びに寡婦福祉法・老人福祉法・身体障害者福祉法・知的障害者福祉法）で定められた援護または育成の措置に関する事務を行う。

　任用要件としては，「都道府県知事または市町村長の補助機関である職員とし，年齢20歳以上の者であって，人格が高潔で思慮が円熟し，社会福祉の増進に熱意がある」ことに加え，①学校教育法に基づく大学，旧大学令に基づく大学，旧高等学校令に基づく高等学校または旧専門学校令に基づく専門学校において，厚生労働大臣の指定する社会福祉に関する科目を修めて卒業した者，②都道府県知事の指定する養成機関または講習会の課程を修了した者，③社会福祉士，など計5項目が定められており，いずれかを満たさなければならない。

　なお，任用要件①にある，「厚生労働大臣の指定する社会福祉に関する科目」は，時代の変遷とともに科目名の変更が行われている。2000（平成12）年から現在までの卒業者については，社会福祉概論や児童福祉論，社会学，心理学，保育理論など計33科目が定められており，そのうち3科目を履修していることが求められる。

（6）社会福祉士・介護福祉士・精神保健福祉士

社会福祉士は，「**社会福祉士及び介護福祉士法**」で定められた，社会福祉の専門資格（国家資格）である。その定義は，「専門的知識及び技術をもつて，身体上若しくは精神上の障害があること又は環境上の理由により日常生活を営むのに支障がある者の福祉に関する相談に応じ，助言，指導，福祉サービスを提供する者又は医師その他の保健医療サービスを提供する者その他の関係者との連絡及び調整その他の援助を行うことを業とする者」（同法第2条第1項）とされている。英語表記の **CSW**：certified（認定された）social worker からもわかる通り，社会福祉およびソーシャルワーク全般を対象とした，事実上の標準的な資格である。

社会福祉士は，前述の児童指導員や児童福祉司などの任用要件の1つとして定められているため，業務上で，社会福祉士という職名（資格名称）そのものを用いているケースは少ない。社会福祉士国家試験に合格し，厚生労働大臣の指定登録機関である公益財団法人社会福祉振興・試験センターに登録をすることで，社会福祉士の名称を用いることができる。

介護福祉士は，「**社会福祉士及び介護福祉士法**」で定められた，社会福祉領域の中でも特に介護福祉領域の専門資格（国家資格）である。その定義は，「専門的知識及び技術をもつて，身体上又は精神上の障害があることにより日常生活を営むのに支障がある者につき心身の状況に応じた介護を行い，並びにその者及びその介護者に対して介護に関する指導を行うことを業とする者」（同法第2条第2項）とされている。

一見，子ども家庭福祉の領域には縁遠い資格のように思われるが，福祉型障害児入所施設（旧知的障害児施設など，設備運営基準第49条）や，医療型障害児入所施設（旧重症心身障害児施設など，設備運営基準第58条）で従事するケースも多く，関係の深い専門職であるといえる。

なお，介護福祉士についても社会福祉士と同様に，国家試験に合格した後，所定の登録手続きを行うことで，その名称を用いることができる。

精神保健福祉士は，「**精神保健福祉士法**」で定められた，精神障害者の保健および福祉に関する専門資格（国家資格）である。その業務は，「精神科病院その他の医療施設において精神障害の医療を受け，又は精神障害者の社会復帰

の促進を図ることを目的とする施設を利用している者（中略）の社会復帰に関する相談に応じ，助言，指導，日常生活への適応のために必要な訓練その他の援助を行うこと（中略）を業とする者」（同法第2条）が主とされており，精神科領域に従事するソーシャルワーカーの，事実上の標準資格となっている。国家資格として定められたのは1997（平成9）年であるが，1950年代頃から，**精神科ソーシャルワーカー**（Psychiatric Social Worker；**PSW**）の名称で，医療チームの一員としてその役割を担う専門職が認められていた。

　なお，精神保健福祉士についても，社会福祉士と同様に，国家試験に合格した後，所定の登録手続きを行うことでその名称を用いることができる。

（7）理学療法士・作業療法士・言語聴覚士

　理学療法士（Physical Therapist；**PT**）は，「**理学療法士及び作業療法士法**」で定められた国家資格である。その定義は，「厚生労働大臣の免許を受けて，理学療法士の名称を用いて，医師の指示の下に，理学療法を行なうことを業とする者」（同法第2条第3項）とされており，障害児施設や，リハビリテーション病院などに数多く従事している。なお，理学療法とは，「身体に障害のある者に対し，主として基本的動作能力の回復を図るため，治療体操その他の運動を行なわせ，及び電気刺激，マッサージ温熱その他の物理的手段を加えること」（同法第2条第1項）である。

　作業療法士（Occupational Therapist；**OT**）は，「**理学療法士及び作業療法士法**」で定められた国家資格である。その定義は「厚生労働大臣の免許を受けて，作業療法士の名称を用いて，医師の指示の下に，作業療法を行なうことを業とする者」（同法第2条第4項）とされており，理学療法士と同様，障害児施設やリハビリテーション病院などに従事している。なお，作業療法とは，「身体又は精神に障害のある者に対し，主として応用的動作能力又は社会的適応能力の回復を図るため，手芸，工作その他の作業を行なわせること」（同法第2条第2項）である。

　言語聴覚士（Speech Therapist；**ST**）は，「**言語聴覚士法**」で定められた国家資格である。その定義は，「厚生労働大臣の免許を受けて，言語聴覚士の名称を用いて，音声機能，言語機能又は聴覚に障害のある者についてその機能の

維持向上を図るため，言語訓練その他の訓練，これに必要な検査及び助言，指導その他の援助を行うことを業とする者」（同法第2条）とされている。医療機関を中心に，聴覚障害児や，言語発達遅滞を有する障害児のいる児童福祉施設などに従事し，聴力や音声，言語機能の検査のほか，摂食や嚥下（飲み込み）に関するリハビリテーションおよび助言などを行っている。

（8）家庭支援専門相談員

家庭支援専門相談員は，**ファミリーソーシャルワーカー**とも呼ばれ，児童福祉施設に入所している子どもの早期家庭復帰支援や，里親委託推進のための業務を担う専門職である。1999（平成11）年度に乳児院（設備運営基準第21条）に配置され，その後2004（平成16）年に，児童養護施設（同基準第42条），児童心理治療施設（同基準第73条），児童自立支援施設（同基準第80条）に拡大配置され，必置職員となっている。

任用要件としては，社会福祉士もしくは精神保健福祉士の資格を有する者，児童福祉司の任用要件を満たす者，当該施設で児童の指導（乳児院の場合は，乳幼児の養育）に5年以上従事した者のいずれかに該当する者とされている。

（9）心理療法担当職員

心理療法担当職員は，心理職とも呼ばれ，児童福祉施設に入所している子どもやその親（保護者）を対象に，心理療法等を行う専門職である。乳児院（設備運営基準第21条），母子生活支援施設（同基準第27条），児童養護施設（同基準第42条），児童心理治療施設（同基準第73条），児童自立支援施設（同基準第80条）に配置されている。

なお任用要件としては，乳児院等の場合，「学校教育法の規定による大学の学部で，心理学を専修する学科若しくはこれに相当する課程を修めて卒業した者であつて，個人及び集団心理療法の技術を有するもの又はこれと同等以上の能力を有すると認められる者」（同基準第21・27・42条）とされているが，児童自立支援施設においては，前述の任用要件に加え，「心理学に関する科目の単位を優秀な成績で修得したことにより，大学院への入学を認められた者であつて，心理療法に関する1年以上の経験を有すること」（同基準第73・80条）

とされており，より高度な専門性が求められている。

（10）児童自立支援専門員・児童生活支援員

児童自立支援専門員および児童生活支援員は，ともに児童自立支援施設で従事する専門職であり，「設備運営基準」第80条で定められた任用資格である。前者は「児童自立支援施設において児童の自立支援を行う者」，後者は「児童自立支援施設において児童の生活支援を行う者」とされている。具体的な業務としては，児童自立支援施設に入所する子どもと起居をともにし，自立に向けて，生活面や学習面の指導を行う。

児童自立支援専門員の任用要件としては，①医師であり精神保健に関して学識経験を有する者，②社会福祉士，③都道府県知事の指定する児童自立支援専門員を養成する学校その他の養成施設を卒業した者など，計8項目が定められており，いずれかを満たさなければならない（同基準第82条）。

また，児童生活支援員の任用要件としては，①保育士，②社会福祉士，③3年以上児童自立支援事業に従事した者，の計3項目が定められており，いずれかを満たさなければならない（同基準第83条）。

（11）児童の遊びを指導する者（児童厚生員）

児童の遊びを指導する者（児童厚生員）は，児童厚生施設において児童の遊びを指導する専門職である。任用要件としては，①都道府県知事の指定する児童福祉施設の職員を養成する学校その他の養成施設を卒業した者，②保育士，③社会福祉士など，計6項目が定められており，いずれかを満たさなければならない（設備運営基準第38条）。

具体的な業務としては，児童厚生施設（児童館や児童遊園）内での児童の遊びについて，その環境づくりや安全管理，子どもの遊びに関する指導などである。

（12）母子支援員

母子支援員は，母子生活支援施設において母子の生活支援を行う専門職である（設備運営基準第27・28条）。任用要件としては，①都道府県知事の指定す

る児童福祉施設の職員を養成する学校その他の養成施設を卒業した者，②保育士，③社会福祉士，④精神保健福祉士など，計5項目が定められており，いずれかを満たさなければならない。

　具体的な業務は，母子生活支援施設を利用している母親に対し，就労に向けた支援のほか，育児や家事などの相談対応，関係機関との連絡調整などである。

　また，類似の職種に**母子・父子自立支援員**があるが，こちらは福祉事務所に配置された専門職で，ひとり親（母子・父子）家庭や寡婦を対象に，その自立に向けた支援や相談対応を行う者である。

4──その他の子ども家庭福祉関係者（資格）

　3．で述べた，施設や相談機関，行政機関の専門職のほか，子ども家庭福祉にかかわる者について解説する。

（1）民生委員・児童委員・主任児童委員

　民生委員は，「民生委員法」で規定された，地域の社会福祉活動を推進する者である。都道府県知事の推薦した者の中から厚生労働大臣が委嘱し，非常勤特別職の地方公務員という扱いとなる。任期は3年で，無報酬（活動に必要な費用は一定額支給）のためボランティア的な性格が強い（同法第5・10条）。具体的な業務としては，地域における福祉ニーズの把握や，各種相談への対応，行政への意見具申や，行政窓口への連絡・通告などがある。

　児童委員は，「児童福祉法」第16条で規定されており，市町村・特別区において，児童や妊産婦の生活状況の把握，必要な情報提供などを行う者である。保護・保健などに関する援助および指導を行い，児童福祉司の職務に協力することが定められている。なお児童委員は，民生委員が兼務することとされている（同法第16条第2項）。

　主任児童委員は，児童委員の中から厚生労働大臣が指名する（同法第16条第3項）者であり，特に子ども家庭福祉に関する問題に中心的にかかわる。児童委員との連絡調整のほか，児童委員の活動に対する援助や協力等を行う。

■■■□ コラム ■■■

資格の任用要件を考える

　これまでさまざまな資格について解説してきたが，ここでは，児童指導員の資格要件を例に，「任用要件」について考えてみたい。

　児童指導員の場合，前述の4項目を含む計10項目が，資格要件として定められている。つまり，同じ「児童指導員」といっても，多種多様なバックグラウンドをもつ人材がいるということになる。

　任用要件のうち，社会福祉領域の専門資格である社会福祉士や精神保健福祉士は，養成校での指定科目履修のほか，現場実習などの要件をクリアして初めて，国家試験の受験資格が与えられる。そこからさらに国家試験をクリアしていることから，その資質・能力は，一定程度担保されていると言える。一方，「3年以上児童福祉事業に従事した者であって，都道府県知事が適当と認めた者（児童福祉施設の設備及び運営に関する基準第43条第10号）」という任用要件がある。この3つの任用要件を比較したとき，「児童指導員のすべてに，専門職としての一定の資質・能力が担保されている」と，言い切れるであろうか。措置制度下にある社会的養護の領域では，子どもに実質的な選択権がない（選択の幅が狭い）ことがほとんどである。それゆえに，どこの施設に措置されても，一定の専門的な支援が保障されているべきである。そのように考えるならば，児童指導員の任用要件について，一定の再考が求められる時期に来ているといえよう。

　子ども家庭福祉にかかわる専門職は，今後ますます，多様な課題に向き合っていくことになる。我々は，その資格名称・職種・職名に見合うだけの，技量（知識・技術）を備えるため，日々研鑽（けんさん）に励まなければならない。

1．児童福祉施設の職員を養成する学校等を卒業した者（一部略）
2．社会福祉士の資格を有する者
⋮
9．小学校，中学校…（略）の教諭となる資格を有する者で，都道府県知事が適当と認めたもの
10．3年以上児童福祉事業に従事し（略），都道府県知事が適当と認めた者
→ 児童指導員

例：児童指導員（設備運営基準第43条）

（2）保健師・助産師・看護師

　保健師，助産師，看護師は，いずれも，「**保健師助産師看護師法**」で規定された国家資格である。

　保健師は，「厚生労働大臣の免許を受けて，保健師の名称を用いて，保健指導に従事することを業とする者」（同法第2条）とされており，保健師国家試験および看護師国家試験に合格しなければならない（同法第7条第1項）。具体的な業務としては，地域における健康増進活動のほか，乳児家庭全戸訪問事業（こんにちは赤ちゃん事業）での家庭訪問において，児童虐待の予防や早期発見において，中心的な役割を担っている。

　助産師は，「厚生労働大臣の免許を受けて，助産又は妊婦，じょく婦若しくは新生児の保健指導を行うことを業とする女子」（同法第3条）とされており，助産師国家試験および看護師国家試験に合格しなければならない（同法第7条第2項）。具体的な業務としては，妊娠中の定期健康診断における助言・指導，出産後の新生児育児に関する相談対応のほか，保健師と同様に，乳児家庭全戸訪問事業にも携わっている。

　看護師は，「厚生労働大臣の免許を受けて，傷病者若しくはじょく婦に対する療養上の世話又は診療の補助を行うことを業とする者」（同法第5条）とされており，看護師国家試験に合格しなければならない（同法第7条第3項）。具体的な業務としては，医療機関での診療補助業務のほか，乳児院や児童養護施設にも従事している。

（3）里　　親

　里親とは，「養育里親及び厚生労働省令で定める人数以下の要保護児童を養育することを希望する者であつて，養子縁組によつて養親となることを希望するものその他のこれに類する者として厚生労働省令で定めるもののうち，(略)児童を委託する者として適当と認めるもの」と規定されている（児童福祉法第6条の4）。里親は，専門職や施設の一種ではないものの，社会的養護において，乳児院や児童養護施設などの施設養護とならび，**家庭養護**を担う中核である。

　里親の種類には，①養育里親，②専門里親，③養子縁組を希望する里親，④

親族里親，の4つがある。①は一般的な里親であり，②は被虐待児童や非行児童，障害を有する児童など，特に専門的なかかわりを必要とする児童を担う。また③は，一般的な里親と同等ではあるが，後々の養子縁組を希望する者であり，④は当該児童（里子）に対し扶養義務を負う者が里親となる場合である。

　近年，里親制度は改正が相次いでいる。2002（平成14）年に専門里親，親族里親が創設されたのをはじめ，2008（平成20）年には，養子縁組を希望する里親が，養育里親と区別する形で創設され，同時に里親手当の大幅な引き上げも行われた。

　また，2009（平成21）年からは，小規模住居型児童養育事業（ファミリーホーム）が制度化され，児童5〜6人を養育するグループホーム形態がスタートしたほか，2011（平成23）年には里親委託ガイドラインが策定されるなど，社会的養護におけるケアの小規模化・専門化というニーズに対応するため，法改正が行われている。

●演習コーナー●

・保育士がかかわる専門職としては，どのような職種が考えられるか。場面や状況を設定して，考えてみよう（例：児童養護施設で働く保育士の場合，施設内でかかわる専門職，施設外でかかわる専門職，それぞれどのような職種が考えられるか）。

・資格には，「名称独占」と「業務独占」と呼ばれるものがある。その違いについて，考えてみよう。

・資格の任用要件には，「いずれかを満たさなければならないもの」と，「すべてを満たさなければならないもの」がある。その違いと意味について，考えてみよう。

参考文献

・中島健一朗：児童養護専門職養成に関する一考察―保育士，児童指導員のこれから―，社会事業研究，48，日本社会事業大学社会福祉学会，2009
・厚生労働省：社会的養護の課題と将来像の実現に向けて，2016
・厚生労働省：社会的養育の推進に向けて（平成31年4月版），2019

第13章　子ども家庭福祉の方法論

1──子ども家庭福祉のサービスの特徴

（1）保育士と家庭支援

1）現代社会における家庭の取り巻く環境の変化

　人は，社会を媒介とし多様な集団との相互関係を基に生活している。これらの社会集団の基礎単位となっているのが「家族」である。その家族も戦前から戦後にかけて変容を遂げ，一般的な家族形態が直系家族制に基づく**三世代家族**（拡大家族）から夫婦家族制に基づく**核家族**へと移り変わってきた。

　こうした家族形態や社会の変化に伴い，さまざまな問題が新たに表面化してきており，子育て支援の重要性が高まってきている。このことは，家庭内で起こる問題に対し，社会資源を活用し，問題解決を図っていこうとする新たなニーズを生み出している。

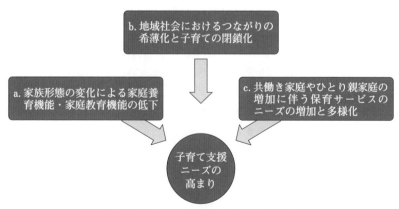

図13─1　近年の家庭を取り巻く社会環境の変化

　現代社会における子育て支援のニーズの高まりは，主に，以下の3つの社会的環境の転換によるものだと考えられる（図13—1）。

　①　家族形態の変化による家庭養育機能・家庭教育機能の低下

　旧来の三世代家族の場合，子育てに関する悩みや問題が発生すれば，家族内にいる親や親族などの家族メンバーが保護・支援にあたることが可能であった。しかし，核家族化の進展で家族の構成メンバーが減った現在では，家族の中で何か問題が発生した場合，その支援・援助体制が弱く，柔軟に対応することが困難になっている。

　そして，小家族化による家族システムの脆弱化は，家庭の養育機能と教育機能を低下させる原因の1つとなっていると考えられる。

　②　地域社会におけるつながりの希薄化と子育ての閉鎖化

　かつて農業，漁業といった第一次産業が中心であった頃は，互いに協力し合うことで魚を捕え，田畑を維持してきた。そのため，「地域で支え合う」という意識が浸透していた。もちろんこれは，子育てに関することにおいても例外ではなく，地域社会との密接な関係の中で相互扶助機能が働いていた。しかし，現代では，核家族がこのような地縁や血縁のある地域社会から離れて都市部などに移り住んだことにより，地域のつながりが希薄になってきている。そのため，たとえその地域に居住している子育て中の家庭に育児相談の相手がほしいというニーズが多くあったとしても，それらの人と人を結びつけるコミュニティが形成されていないため相互扶助機能が働かず，子育ての孤立化につながっている。

　このように，閉鎖化した育児環境から，現代の地域社会の実情に合った新たな地域コミュニティ創出の必要性が高まってきている。

　③　共働き家庭やひとり親家庭の増加に伴う保育ニーズの増加と多様化

　1985（昭和60）年の**女子差別撤廃条約**の批准をきっかけに，**男女共同参画社会**の実現に向けて新たに社会制度の構築や整備が活発になされた結果，女性は家庭を守り，男性は外で働くといった伝統的な性役割観から平等的性役割観へとパラダイムシフトし，女性の社会進出が飛躍的に拡大した。このことは，共働き家庭の増加，保育サービスへのニーズの多様化をもたらした。さらに，経済的自立が進んだことにより，結婚をしないというシングルライフ志向（未婚

化）や晩婚化，近年の離婚率の増加傾向からも明らかなように，家族危機の問題解決として離婚という選択肢を選ぶことも少なくない。最近では共働きで子どもをもたない夫婦（DINKS：double income, no kids）も新しいライフスタイルとして受け入れられるようになってきている。このような多様なライフスタイルは，子どもの養育やしつけにも変化をもたらしている。教育や養育は家庭から保育所や教育機関に任せる割合が大きくなり，それらの責任も家庭から外部に求める傾向が強くなった。このことは，家庭内の養育機能や養育システムの低下を招く結果となっている。

　以上に述べたように，家族システムの脆弱化，地域コミュニティの衰退，ライフスタイルの多様化などにより，家族内の問題解決能力が低下してきており，子育てについて不安や悩みを抱えながら孤立した中で育児をしている家庭が増えてきている。こうした状況をふまえ，新たな子育て支援制度の構築が進められている。この子育て支援を担う者として期待されているのが，保育士やスクール・ソーシャルワーカーなどである。

2）子育て支援における保育士の役割

　前節で述べたように，家庭の取り巻く環境の変化により，子育て支援の充実，拡充が急がれている。こうした中，子育て支援事業として実施されてきたものに「つどいの広場事業」「地域子育て支援センター事業」などがある。

　つどいの広場とは，主に乳幼児（0～3歳）をもつ子育て中の親とその子どもが気軽に集まり，語り合い，遊びを通しながら交流を深めることで精神的な安心感をもたらし，問題解決の糸口となる機会を提供することを目的とした事業で，実施場所は主に公共施設内のスペースや空き店舗，公民館，学校の余裕教室などとなっている。

　地域子育て支援センター事業とは，①育児不安などについての相談指導，②子育てサークルなどの育成・支援，③特別保育事業など積極的な実施と普及促進，④地域の保育資源の情報提供，⑤家庭的保育を行う者への支援などの事業を展開している。主な実施場所は保育所などであり，保育所の有する専門的機能と蓄積されたノウハウを開かれた社会資源として活用できる。

　2007（平成19）年度からはつどいのひろば事業と地域子育て支援センター事業は，**地域子育て支援拠点事業**へと再編され，実施形態が，つどいの広場で行

われる「ひろば型」，地域子育てセンターで行われる「センター型」，児童館で行われる「児童館型」となった。2013（平成25）年には，さらなる拡充が行われ，「ひろば型」「センター型」を統合して「一般型」とし，職員配置や活動内容に応じた支援のしくみとなった。「児童館型」は「連携型」として実施対象施設を見直し，児童館をはじめ子育て関連施設で実施することで，多様なニーズに対して支援できるようなしくみとした。

　このように今日，地域での子育て支援の整備は積極的に進められており，特に地域に密着している保育所は通常業務である保育（ケアワーク）に加え，地域の子どもと家庭の支援を使命として取り組むことが求められている。そして，その役割を果たす専門職者が保育所など児童福祉施設で働く保育士である。

　2001（平成13）年の「児童福祉法」の一部改正により，保育士資格は児童福祉施設の任用資格から名称独占資格となり国家資格となった。この改正の理由の1つとして，地域の子育て支援の中核を担う専門職として，保育士がその重要な役割を果たすことへの期待がある。「児童福祉法」において保育士を「保育士の名称を用いて，専門的知識及び技術をもって，児童の保育及び児童の保護者に対する保育に関する指導を行うことを業とする者をいう」（第18条の4）と規定されており，また「保育所に勤務する保育士は，乳児，幼児等の保育に関する相談に応じ，及び助言を行うために必要な知識及び技能の修得，維持及び向上に努めなければならない」（第48条の4第2項）との条文がある。つまり保育士は，保育（ケアワーク）を行うケアワーカーのみならず，子育て支援を実践するために必要な専門的知識と技術を有し，活動していかなければならないことが記されている。そして，そのために必要な専門的スキルがソーシャルワークである。

　「保育所保育指針解説」においても，保育所における子育て家庭への支援は「子どもや子育て家庭に関するソーシャルワークの中核を担う機関と，必要に応じて連携をとりながら行われるものである。そのため，ソーシャルワークの基本的な姿勢や知識，技術等についても理解を深めた上で，支援を展開していくことが望ましい」と書かれており，保育士のソーシャルワークを援用した子育て支援活動が期待されている。最近では，保育現場でのソーシャルワーク活動から**保育ソーシャルワーク**ということばも使われるようになってきている。

このように今日，子育て問題が普遍化・社会化する中でこれらの問題に真に取り組めるように，保育所の機能整備・拡充を進めるとともに，ケアワークとソーシャルワークの力を兼ね備えたより専門性の高い保育士が求められており，そのための人材育成にも力を入れていかなければならない。

（2）児童福祉施設における自立支援

1997（平成9）年に「児童福祉法」の大幅な改正が行われ，養護施設が児童養護施設へと改称され，その目的に**自立支援**が加わった。教護院についても，目的が「教護」から「自立支援」へと改正されたのに合わせて児童自立支援施設と改称された。このように，今日の児童福祉施設の目的として，自立支援が重要視されるようになった。自立とは，基本的生活習慣や経済的なもののみを指すのではなく，自己の本来もっている力を引き出し，自らの人生を主体的に生き，他者との協調をもって生活するための総合的な力のことである。

アドミッションケア
・児童相談所への通告・相談から施設入所に至るまでのケアのこと。施設入所は生活環境が変わり，心理的負担が大きいため，児童相談所と施設とが密に連携を図り，子どもが安心して施設で暮せていけるように，入所に向けた受け入れ準備を行う。

インケア
・施設入所中のケアのこと。入所目的の理解や入所後のこれからの見通しを説明し，施設入所の不安感を軽減させ，安心感・安全感を与えることに努める。自立支援を長期的な目的として，生活援助や問題行動への対応にあたっていく。

リービングケア
・退所に向けたケアのこと。施設からの退所には，「家庭復帰」「社会自立」の2つの場合がある。家庭復帰の場合は保護者の生活状況を考えながら，退所後に想定される必要な生活技術の習得に向けた支援を行っていく。社会自立の場合は，退所後，スムーズに社会生活が送れるように，社会的知識や生活技術の習得に向けた支援を行っていく。

アフターケア
・退所後のケアのこと。家庭復帰の場合，保護者とはいつでも相談にのれるよう関係を保ち，定期的に連絡をとり合うなど，虐待などの再発に留意する。また，子どもには，何かあったときの避難方法について指導しておく。社会自立の場合，定期的に連絡をとったり，家庭訪問を行うなど，安定した生活が送れているか見守っていく。

図13―2　自立支援に向けた援助過程

　児童養護施設では，これらの自立に向けた支援を計画的に行うために自立支援計画を策定し，この計画に基づき支援を実行している。また，入所前後に必要な援助として**アドミッションケア**（admission care），入所中の施設内のケアとして自立支援に向けた取組みを行っていく**インケア**（in care），退所を念頭において，社会的自立や家庭復帰のための準備を行っていく**リービングケア**（leaving care），そして退所後のケアである**アフターケア**（after care）といった養護プロセスの概念を導入し，継続的で一貫した支援が行われている。

2──子ども家庭福祉の専門技術

　社会福祉は「制度としての社会福祉」と「実践としての社会福祉」の2つから成り立っている。「制度としての社会福祉」は「日本国憲法」第25条の生存権と国の社会的使命の規定の下，「児童福祉法」，「身体障害者福祉法」，「生活保護法」，「知的障害者福祉法」，「老人福祉法」，「母子及び父子並びに寡婦福祉法」といった福祉六法を柱とした諸制度のことであり，社会福祉活動の枠組みである。「実践としての社会福祉」は，法制度の枠組みの中で実際に援助活動を行っていくことである。そして，これらの社会福祉の実践活動を**ソーシャルワーク**，その実践者のことを**ソーシャルワーカー**と呼ぶ。ソーシャルワークには問題の内容や状況に応じてさまざまな援助形態があり，大きく分けると，個人や集団に直接働きかけることによって援助していく**直接援助技術**と，人々を取り巻く環境へ働きかけ側面的な援助をしていく**間接援助技術**，ソーシャルワークに関連したさまざまな援助技術である**関連援助技術**の3つからなる。そして，直接援助技術はケースワークとグループワーク，間接援助技術はコミュニティワークその他など，さらに分類される。しかし，これらの援助技術は個々に独立したものではなく，互いに関連しながら援助が展開される。

（1）ケアワーク

　ケアワークとは，保育所や養護系施設などにおいて主に保育士によって行われる日常生活場面における保育のことであり，意図的な活動を通して展開されている。保育所では保育士が通常業務として保育を行っているが，保育所保育

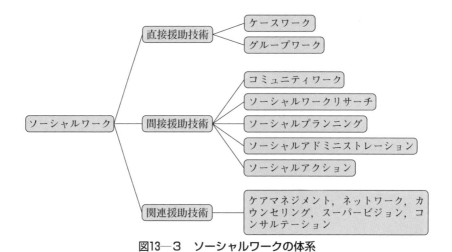

図13—3　ソーシャルワークの体系

指針によると保育の目標を「子どもが現在を最も良く生き，望ましい未来をつくり出す力の基礎を培う」こと，「入所する子どもの保護者に対し，その援助に当たる」ことの2つを示している。1つ目の目標については「養護に関わる目標」と「健康」「人間関係」「環境」「言葉」「表現」の5領域に関する目標に分かれており，子どもの発達の側面に立ち，これらの目標に向かって保育活動を行っていくことである。2つ目の目標については，「子どもの最善の利益」の立場の下，保育士のもつ専門性を十分に活かし，保護者の子育てに関する問題や課題について傾聴と共感の念をもち，保護者に寄り添いながら支援していくことを目標としている。

　養護系施設でのケアワークでは，具体的には起床，食事，掃除，洗濯，入浴，学習指導，余暇，就寝などの日常生活上のかかわりを指している。日々の生活のみならず，心理面での支援・援助などを行うことで基本的生活習慣やソーシャルスキルを身につけ，自立を目指すことを目標として行われている。

（2）ケースワーク

1）ケースワークとは

　「ケースワークの母」と呼ばれるリッチモンドによると，**ケースワーク**は

「人間と社会環境との間を個別に，意識的に調整することを通してパーソナリティを発達させる諸過程から成り立っている」と定義している。

今日，家族の取り巻く環境の変化により，育児に関する悩み，経済的問題，家庭内の不和など社会生活においてさまざまな問題を抱え，専門的な援助を必要としている家族が多くなってきている。保育現場におけるケースワークの対象は，何らかの問題を抱える子どもや家族である。したがって，これらの対象者と援助者が専門的な援助関係をつくり，個別に支援し環境調整を図ることにより，対象者の問題解決能力を引き出すことがケースワークの目的となる。

保育現場では，園内の保護者や地域住民を対象とした育児相談，就学前相談，教育相談や未就園児対象の園庭開放などの場でケースワークが活用されている。

2）パールマンの4つのP

1950年代にパールマンは「ソーシャル・ケースワーク─問題解決の過程」を著し，今日のわが国のケースワークに大きな影響を与えた。その著の中で，ケースワークにおける問題解決の過程には共通する4つのPが存在すると指摘した。その4つとは，「人（person）」，「問題（problem）」，「場所（place）」，「過程（process）」である。つまり，「問題」をもつ「人」が専門家との「過程」を経て，その人を援助する「場所」に来る，といったように，ケースワークはこれらの4つの構成要素の下で成り立つと主張した。

3）バイステックの7原則

ケースワークのような専門的援助技術を用いて効果的に利用者を援助していくためには，援助者とクライエントの間にラポール（信頼関係）が形成されて

表13―1　パールマンの4つのP

人（person）	ケースワークの援助を必要としている人を指す。援助を必要とする人が援助を受け始めるとき，その人はクライエント（利用者）と呼ばれる。
問題（problem）	欲求や障害，不適応など社会生活上の困難な問題のこと。
場所（place）	ケースワークを行う援助場面のことである。つまり，ケースワークを行う援助者の所属する専門機関・施設などを指す。
過程（process）	援助者とクライエントとの間で展開される援助過程のことである。

いなければならない。そのための原則として，アメリカの社会福祉学者である**バイステック**はケースワークにおける7つの原則を示した（1957年）。

バイステックによると，援助者とクライエントとの援助関係の形成には，個別化，意図的な感情表出，制御された情緒的関与，受容，非審判的態度，自己決定，秘密の保持の7つ原則を守る必要があると提唱した。バイステックの7原則は今日におけるケースワークの基本原則として浸透している。

4）ケースワークの援助過程

ケースワークは問題を抱える対象者が支援を受けるか否かの意思確認から始まる。支援を受ける意思が確認できれば，インテーク，アセスメント，プランニング，インターベンション，モニタリング，エヴァリュエーションといった援助過程により問題解決を目指す。なお，これらの援助の流れは一方向ではなく，終結に至るまで絶えず循環を繰り返しながら展開される。

表13―2 バイステックの7原則

原　則			利用者のニード
原則1	個別化	クライエントを個人としてとらえる	1人の個人として迎えられたい
原則2	意図的な感情表出	クライエントの感情表現を大切にする	感情を表現し解放したい
原則3	制御された情緒的関与	援助者は自分の感情を自覚して吟味する	共感的な反応を得たい
原則4	受容	受けとめる	価値ある人間として受けとめられたい
原則5	非審判的態度	クライエントを一方的に非難しない	一方的に非難されたくない
原則6	自己決定	クライエントの自己決定を促して尊重する	問題解決を自分で選択し，決定したい
原則7	秘密の保持	秘密を保持して信頼感を醸成する	自分の秘密をきちんと守りたい

（資料）　F・P・バイステック著／尾崎新，福田俊子，原田和幸訳：ケースワークの原則，誠信書房，1996をもとに作成

インテーク （受理面接）	初期段階の面接のこと。問題を抱える利用者（子どもや家族など）と，援助者であるソーシャルワーカー（保育士など）とのかかわりから始まる。ここでは，利用者についてや，利用者が抱える問題についての情報収集を行い，問題を明確化していく。そして，援助を継続して受けるかどうかの意思の確認や，問題の内容によっては相談を受けた施設・機関よりも，より適切な支援が受けられる施設・機関がある場合はそこへ紹介，引き継ぎなどを行う。

↓↑

アセスメント （査定・事前評価）	援助計画を立てるにあたっての事前評価。インテークで収集された情報を整理し，解決のリソース（資源，資質）を探し出す。

↓↑

プランニング （計画作成）	アセスメントをもとに援助計画を立てる。援助目標を立て，解決へ向けた具体的な手段や援助期間を決める。

↓↑

インターベンション （介入）	援助計画に基づいて，実際に援助活動を展開していく。

↓↑

モニタリング （点検）	インターベンション後の問題状況について点検を行う。問題解決への進捗状況を確認し，援助効果が認められない場合は適宜，アセスメントやプランニングの段階へと戻り，再検討を行う。

↓↑

エヴァリュエーション （評価）	モニタリングで問題解決への方向性の調整がなされ，援助の有効性と妥当性評価の検討を行い，問題解決へと向かっている場合，終結を目指す。

↓

終結	利用者，ソーシャルワーカーがともに問題が解決したことを確認し，両者の合意が得られた場合，終結となる。

図13―4　ケースワークの援助過程

（3）グループワーク

1）グループワークとは

　私たちは，家族をはじめとし，学校や職場，親族，友人など大小さまざまなグループに所属している。人類は，はるか昔からグループのもつ力を利用し

て，効率的に課題を成し遂げたり，グループでの経験を通して個人と集団とを成長させてきた。このようなグループのもつ力をソーシャルワークとして利用したものが**グループワーク**である。グループワークとは**グループダイナミクス**（集団力学）やプログラム活動によるメンバー間の相互作用を通して問題解決や自己の成長と発達を図る専門的援助技術のことである。

2）グループワークの援助過程

グループワークの援助過程は，基本的に準備期・開始期・作業期・終結期の順で展開される。

① 準備期

準備期とは，援助者がメンバーと接触する前の準備や予備的な接触の開始までの段階のことである。この段階ではメンバーたちの性格や生活状況について把握し，感情を理解し，波長合わせを行う。そして，メンバーの課題やニーズを明確化し，援助の目標や方法についての計画を立てていく。

② 開始期

開始期は，グループとしての最初の集まりからグループ活動の開始までの段階をいう。援助者はアイスブレーキングなどを通してメンバー間の緊張を解き，目的をもつグループとして活動していくための雰囲気づくりをしていく。また，グループの活動目的と援助者の所属する施設・機関の提供するサービスについての確認作業を行う。最初の集まりから，話し合われたことなどを記録・評価していくことも重要である。

③ 作業期

作業期は，プログラム活動を実際に展開していく段階である。メンバーや個々の人たちが課題に取り組み，目標を達成できるように援助者は側面的な援助を行い，グループの発達を促す。また，グループ活動を阻害する要因が生じた場合は援助者が介入し，円滑にグループ活動が進められるように努める。

④ 終結期

グループワークを終わりにする段階である。終結理由には，①目標が達成され，グループ活動を行う理由がなくなった，②計画していた回数や期間を満たした，③グループ活動を継続しても効果が期待できない，④援助者の異動やメンバーの減少によりグループ活動が困難となった場合，などがある。

（4）コミュニティワーク

1）コミュニティワークとは

コミュニティワークとは，地域での共通した生活問題や課題やニーズを明らかにし，それらの解決・改善のために住民が主体となって取り組むことができるよう，側面的な援助を行っていく技法のことである。なお，実施にあたっては，必要に応じて個別での相談援助やグループ支援などを行うこともあるので，ケースワーク，グループワークなどの援助技術を習得しておかなければならない。

コミュニティワークの目的は，地域の福祉問題について住民が主体性と連帯性をもって活動することで，問題の発生予防と問題対処の強化を図ることである。また，関係機関や団体との協働を通して，地域の社会資源の活用や開発を行っていくことも，コミュニティワークの重要な目的の1つである。地域社会のつながりの希薄化が叫ばれる中で，育児問題や児童虐待，障害のある子どもの子育てなど，地域の中ではさまざまな不安を抱えながら孤独に子育てしている家庭が存在している。これらの問題を地域の生活問題ととらえ，住民が一丸となって解決に取り組んでいくことが今後大いに期待されている。

2）コミュニティワークの展開過程

コミュニティワークは一般的に，問題把握，活動計画の策定，活動計画の実施，評価の順に展開される。

① 問題把握

地域における生活問題やニーズを把握する段階である。把握の方法には，住民アンケートや住民座談会，当事者や当事者団体からの要望などさまざまである。

② 活動計画の策定

問題解決やニーズの充足のために，具体的な活動計画を策定する段階である。計画にあたっては中長期的なビジョンをもち，地域住民と専門家や行政などが話し合い，合意の下に綿密な計画を立てていくことが重要である。

③ 活動計画の実施

実際に計画を実施していく段階である。住民が活動の主体となるように，地域住民への広報活動や住民参加の促進を図る。また，行政や協力機関，地域の

団体との連絡調整や連携の維持と強化に取り組む必要がある。

④　評　価

計画を実施したことによる効果を評価する段階である。目的の達成状況や計画の妥当性を評価し，残された課題などを検討する。また，活動の進行状況や展開過程などは今後の住民活動の貴重な資料となるため記録しておく。

3──求められる倫理観

倫理とは，この行いは「善いか悪いか」「すべきかすべきでないか」といった善悪の普遍的な判断基準のことである。では，保育士の倫理観とはどういったものなのだろうか。

「児童福祉法」では保育士を，「保育士の名称を用いて，専門的知識及び技術をもつて，児童の保育及び児童の保護者に対する保育に関する指導を行うことを業とする者をいう」（第18条の４）と規定している。つまり，保育士は専門的知識と技術を有する子育てのスペシャリストであり，その言動は子どもや保護者に対して大きな影響を与える存在なのである。そのため，信用失墜行為の禁止（第18条の21）や秘密保持義務（第18条の22）が規定されており，これらに違反すると保育士登録の取消しや停止，保育士の名称使用の禁止といった措置をとられることもある。

また，**全国保育士会倫理綱領**では，「私たちは，研修や自己研鑽を通して，常に自らの人間性と専門性の向上に努め，専門職としての責務を果たします」と示されている。いうまでもなく，専門的知識や技術は高い倫理観によって裏づけられるものである。そして，保育士が「質の高い保育」を行っていくためには，高い倫理観を培っていく必要がある。しかしそれは，一朝一夕で身につくものではない。したがって，保育士は日々の保育業務について常に省察し，自己研鑽を積み重ねていかなければならない。

参考として，全国保育士会倫理綱領とソーシャルワーカーの倫理綱領を掲載する。ケアワークとソーシャルワークの専門的知識と技術を要する保育士は，これらの倫理綱領を遵守し尊重しながら保育業務にあたらなければならない。

全国保育士会倫理綱領

　すべての子どもは，豊かな愛情のなかで心身ともに健やかに育てられ，自ら伸びていく無限の可能性を持っています。

　私たちは，子どもが現在（いま）を幸せに生活し，未来（あす）を生きる力を育てる保育の仕事に誇りと責任をもって，自らの人間性と専門性の向上に努め，一人ひとりの子どもを心から尊重し，次のことを行います。

> 　私たちは，子どもの育ちを支えます。
> 　私たちは，保護者の子育てを支えます。
> 　私たちは，子どもと子育てにやさしい社会をつくります。

（子どもの最善の利益の尊重）

1. 私たちは，一人ひとりの子どもの最善の利益を第一に考え，保育を通してその福祉を積極的に増進するよう努めます。

（子どもの発達保障）

2. 私たちは，養護と教育が一体となった保育を通して，一人ひとりの子どもが心身ともに健康，安全で情緒の安定した生活ができる環境を用意し，生きる喜びと力を育むことを基本として，その健やかな育ちを支えます。

（保護者との協力）

3. 私たちは，子どもと保護者のおかれた状況や意向を受けとめ，保護者とより良い協力関係を築きながら，子どもの育ちや子育てを支えます。

（プライバシーの保護）

4. 私たちは，一人ひとりのプライバシーを保護するため，保育を通して知り得た個人の情報や秘密を守ります。

（チームワークと自己評価）

5. 私たちは，職場におけるチームワークや，関係する他の専門機関との連携を大切にします。
　　また，自らの行う保育について，常に子どもの視点に立って自己評価を行い，保育の質の向上を図ります。

（利用者の代弁）

6. 私たちは，日々の保育や子育て支援の活動を通して子どものニーズを受けとめ，子どもの立場に立ってそれを代弁します。
　　また，子育てをしているすべての保護者のニーズを受けとめ，それを代弁していくことも重要な役割と考え，行動します。

（地域の子育て支援）

7. 私たちは，地域の人々や関係機関とともに子育てを支援し，そのネットワークにより，地域で子どもを育てる環境づくりに努めます。

（専門職としての責務）

8. 私たちは，研修や自己研鑽を通して，常に自らの人間性と専門性の向上に努め，専門職としての責務を果たします。

社会福祉法人　全国社会福祉協議会
全国保育協議会
全国保育士会

ソーシャルワーカーの倫理綱領

社会福祉専門職団体協議会代表者会議（2005年1月27日制定）

前　文

　われわれソーシャルワーカーは，すべての人が人間としての尊厳を有し，価値ある存在であり，平等であることを深く認識する。われわれは平和を擁護し，人権と社会正義の原理に則り，サービス利用者本位の質の高い福祉サービスの開発と提供に努めることによって，社会福祉の推進とサービス利用者の自己実現をめざす専門職であることを言明する。

　われわれは，社会の進展に伴う社会変動が，ともすれば環境破壊及び人間疎外をもたらすことに着目する時，この専門職がこれからの福祉社会にとって不可欠の制度であることを自覚するとともに，専門職ソーシャルワーカーの職責についての一般社会及び市民の理解を深め，その啓発に努める。

　われわれは，われわれの加盟する国際ソーシャルワーカー連盟が採択した，次の「ソーシャルワークの定義」（2000年7月）を，ソーシャルワーク実践に適用され得るものとして認識し，その実践の拠り所とする。

ソーシャルワークの定義

　ソーシャルワーク専門職は，人間の福利（ウェルビーイング）の増進を目指して，社会の変革を進め，人間関係における問題解決を図り，人々のエンパワーメントと解放を促していく。ソーシャルワークは，人間の行動と社会システムに関する理論を利用して，人びとがその環境と相互に影響し合う接点に介入する。人権と社会正義の原理は，ソーシャルワークの拠り所とする基盤である。（IFSW；2000.　7．）

　われわれは，ソーシャルワークの知識，技術の専門性と倫理性の維持，向上が専門職の職責であるだけでなく，サービス利用者は勿論，社会全体の利益に密接に関連していることを認識し，本綱領を制定してこれを遵守することを誓約する者により，専門職団体を組織する。

価値と原則

Ⅰ．（人間の尊厳）ソーシャルワーカーは，すべての人間を，出自，人種，性別，年齢，身体的精神的状況，宗教的文化的背景，社会的地位，経済状況等の違いにかかわらず，かけがえのない存在として尊重する。

Ⅱ．（社会正義）ソーシャルワーカーは，差別，貧困，抑圧，排除，暴力，環境破壊などの無い，自由，平等，共生に基づく社会正義の実現をめざす。

Ⅲ．（貢　献）ソーシャルワーカーは，人間の尊厳の尊重と社会正義の実現に貢献する。

Ⅳ．（誠　実）ソーシャルワーカーは，本倫理綱領に対して常に誠実である。

Ⅴ．（専門的力量）ソーシャルワーカーは，専門的力量を発揮し，その専門性を高める。

倫理基準

Ⅰ．利用者に対する倫理責任

1．（利用者との関係）　ソーシャルワーカーは，利用者との専門的援助関係を最も大切にし，それを自己の利益のために利用しない。

2．（利用者の利益の最優先）　ソーシャルワーカーは，業務の遂行に際して，利用者の利益を最優先に考える。

3．（受　容）　ソーシャルワーカーは，自らの先入観や偏見を排し，利用者をあるがままに受容する。

4．（説明責任）　ソーシャルワーカーは，利用者に必要な情報を適切な方法・わかりやすい表現を用いて提供し，利用者の意思を確認する。

5．（利用者の自己決定の尊重）　ソーシャルワーカーは，利用者の自己決定を尊重し，利用者が
　　その権利を十分に理解し，活用していけるように援助する。

6．（利用者の意思決定能力への対応）　ソーシャルワーカーは，意思決定能力の不十分な利用者
　　に対して，常に最善の方法を用いて利益と権利を擁護する。

7．（プライバシーの尊重）　ソーシャルワーカーは，利用者のプライバシーを最大限に尊重し，
　　関係者から情報を得る場合，その利用者から同意を得る。

8．（秘密の保持）　ソーシャルワーカーは，利用者や関係者から情報を得る場合，業務上必要な
　　範囲にとどめ，その秘密を保持する。秘密の保持は，業務を退いた後も同様とする。

9．（記録の開示）　ソーシャルワーカーは，利用者から記録の開示の要求があった場合，本人に
　　記録を開示する。

10．（情報の共有）　ソーシャルワーカーは，利用者の援助のために利用者に関する情報を関係機
　　関・関係職員と共有する場合，その秘密を保持するよう最善の方策を用いる。

11．（性的差別，虐待の禁止）　ソーシャルワーカーは，利用者に対して，性別，性的指向等の違
　　いから派生する差別やセクシュアル・ハラスメント，虐待をしない。

12．（権利侵害の防止）　ソーシャルワーカーは，利用者を擁護し，あらゆる権利侵害の発生を防
　　止する。

Ⅱ．実践現場における倫理責任

1．（最良の実践を行う責務）　ソーシャルワーカーは，実践現場において，最良の業務を遂行す
　　るために，自らの専門的知識・技術を惜しみなく発揮する。

2．（他の専門職等との連携・協働）　ソーシャルワーカーは，相互の専門性を尊重し，他の専門
　　職等と連携・協働する。

3．（実践現場と綱領の遵守）　ソーシャルワーカーは，実践現場との間で倫理上のジレンマが生
　　じるような場合，実践現場が本綱領の原則を尊重し，その基本精神を遵守するよう働きかけ
　　る。

4．（業務改善の推進）　ソーシャルワーカーは，常に業務を点検し評価を行い，業務改善を推進
　　する。

Ⅲ．社会に対する倫理責任

1．（ソーシャル・インクルージョン）　ソーシャルワーカーは，人々をあらゆる差別，貧困，抑
　　圧，排除，暴力，環境破壊などから守り，包含的な社会を目指すよう努める。

2．（社会への働きかけ）　ソーシャルワーカーは，社会に見られる不正義の改善と利用者の問題
　　解決のため，利用者や他の専門職等と連帯し，効果的な方法により社会に働きかける。

3．（国際社会への働きかけ）　ソーシャルワーカーは，人権と社会正義に関する国際的問題を解
　　決するため，全世界のソーシャルワーカーと連帯し，国際社会に働きかける。

Ⅳ．専門職としての倫理責任

1．（専門職の啓発）　ソーシャルワーカーは，利用者・他の専門職・市民に専門職としての実践
　　を伝え社会的信用を高める。

2．（信用失墜行為の禁止）　ソーシャルワーカーは，その立場を利用した信用失墜行為を行わな
　　い。

3．（社会的信用の保持）　ソーシャルワーカーは，他のソーシャルワーカーが専門職業の社会的
　　信用を損なうような場合，本人にその事実を知らせ，必要な対応を促す。

4．（専門職の擁護）　ソーシャルワーカーは，不当な批判を受けることがあれば，専門職として
　　連帯し，その立場を擁護する。

5．（専門性の向上）　ソーシャルワーカーは，最良の実践を行うために，スーパービジョン，教
　　育・研修に参加し，援助方法の改善と専門性の向上を図る。

6．（教育・訓練・管理における責務）　ソーシャルワーカーは教育・訓練・管理に携わる場合，相手の人権を尊重し，専門職としてのよりよい成長を促す。
（調査・研究）　ソーシャルワーカーは，すべての調査・研究過程で利用者の人権を尊重し，倫理性を確保する。

●演習コーナー●
・あなたの住む地域は，子育て支援についてどのようなことを行っているのか，その社会資源を探してみよう。
・パールマンはケースワークには４つのＰがあると主張したが，この４つのＰをすべて使った事例を考えてみよう。

参考文献

・林浩康：子どもと福祉　子ども・家族支援論，福村出版，2009
・日本家政学会編著：変動する家族，建帛社，1999
・成清美治，吉弘淳一編著：新版児童福祉，学文社，2008
・山縣文治編：よくわかる子ども家庭福祉，ミネルヴァ書房，2009
・厚生労働省編：保育所保育指針解説書，フレーベル出版，2009
・メアリー・E・リッチモンド著，小松源助訳：ソーシャル・ケースワークとは何か，中央法規出版，1991
・F・P・バイクテック著，尾崎新，福田俊子・原田和幸訳：ケースワークの原則，誠信書房，1996
・小林育子，小舘静枝編著：保育者のための社会福祉援助技術，萌文書林，2010
・杉本俊夫，斉藤千鶴編著：コミュニティ入門，中央法規出版，2000
・柏女霊峰・伊藤嘉余子編著：社会福祉援助技術，樹村房，2009
・ヘレン・Hパールマン著，松本武子訳：ソーシャル・ケースワーク，全国社会福祉協議会，1977

第14章 子ども家庭福祉サービスにおける専門機関との連携

1──連携の重要性

　一般的に連携とは，同じ目的で何事かをしようとする者が連絡を取り合ってそれを行うことである。連携における協働は，固有の役割の認識と，相互理解，相互協力の方途を発見させる点に意義がある。

　子どもや社会の現状としては，次のような点があげられる。

> ①子どもを取り巻く環境の変化
> 　・家庭・地域社会における子ども
> 　・情報化社会の進行による子ども
> 　・核家族化，都市化の拡大による子ども
> ②多様な体験の不足による幼児期から児童期の育ち
> 　・自分でできることは自分でする体験の不足
> 　・身近な自然に触れ，感性を豊かにする体験の不足
> 　・友だちと十分にかかわって活動し，他者と協調していく体験の不足
> 　・コミュニケーションの体験の不足
> 　・試行錯誤して遊びを創造したり，問題を解決する体験の不足
> 　・満足のゆくまで追求し，夢中になる体験の不足
> 　・体を十分に動かし，運動する心地良さを味わう体験の不足

　女性の社会進出や核家族化の進展に伴い，家庭外の保育の需要が増大する現在，子どもの生活と直接かかわる家庭と家庭外保育機関との連携が望まれている。連携に必要なことは，第一に，子どもに対する共通の目的を確認することである。第二に，家庭保育と家庭外保育それぞれの固有の役割と意義を，互いに認識し合うことである。第三に，相互理解と信頼関係を樹立することである。

　子ども家庭福祉の対象や相談内容が多岐にわたるため，子ども家庭福祉の関連分野は子どもの年齢・状況などによってさまざまに変化し，また，子どもを取り巻く社会環境も急速に変化し，子どもとその家庭にかかわる問題も複雑・多様化し，子ども家庭福祉に従事するある特定の人や機関だけでは対応が困難となり，医療・教育・司法などの広範囲に及ぶ。同一施設内の連携は当然として，医療機関や学校・警察などの各機関における担当職員が，その専門性を保ちつつ連携することで，子ども家庭福祉の活動が展開される。

　それは，問題が生じた後の対処だけでなく，問題の予防，早期発見・早期対応，解決後のアフターケアとより効果的な支援を行うためには，対象となる子どもやその家族をさまざまな角度から把握することが必要で，そのためにも各機関の役割・機能・目的を把握した上で連携を図ることが重要になる。

　この連携は，最近重要視されている地域福祉を推進する上でも，地域全体で子どもの健全育成を図るためにも必要とされている。地域社会が崩壊し，隣近所との交際がほとんどなくなっている現在，育児や子育てで悩む人に対し，face-to-face の関係を構築しながらお互いが援助し合える関係を，医療・教育・司法などの関係機関を仲介に取り組む必要がある。

2──地域における連携・協働

（1）連携と協働

　地域の連携・協働を学ぶにあたり，以下に地域，連携，協働それぞれの意味を検討する。その上で，「地域における連携・協働」について，ひとまとまりとしての意味を整理する。

地　域：全体社会の一部分ではあるが，固有の資格において自らの存在性を主張する点において「もう１つの全体」としての拡がりをもつ。

連　携：連絡をとり，協力して何かを行うこと。連絡とは，別々のものがつながること。つながり。情報などを相手に知らせること。別々のものがつながり，力を合わせて，何かを行うこと。

協　働：協力して働くこと（cooperation, collaboration）。力を合わせ，他のものに影響を及ぼす。

つまり，それぞれの意味を合わせると，「地域における連携・協働」とは，「全体社会の一部でありながら"もう1つの全体"としての拡がりの中で，別々のものがつながり，力を合わせて，他のものに影響を及ぼすこと」である。

「全体社会の一部分」という範囲は，少人数でも「地域」と考えることができる。または，ある程度の多人数でも「地域」と考えることができる。

「別々のもの」は，地域の中のそれぞれの人と考えることができる。

「つながり」は，抽象的な表現だが，人と人がつながっているという感覚をもっていることである。

「力を合わせて」は，1人でもつ重い荷物を2人でもつということである。誰かが重い荷物をもっているなら，手伝う，一緒に重い荷物をもつという感覚である。そういった力を合わせている2人の姿に，「他の者（もの）」の手を貸して助けたいという感覚にふれ，「影響」を及ぼすのである。

「地域」「連携」「協働」の一連の働きは，ある目的，方向性をもつことで成り立っている。ある範囲で，バラバラだった個々人がつながり，力を合わせ，さらに他のものが影響を受け，この働きはさらに大きくなっていく。この働きには個々人それぞれの目的があり，方向性がある。この範囲の中にいる複数の者たち同士の助け合いにより，働きが重なり，個々人別々だった目的がやがて，集団の，みんなの目的になっていく。そのみんなの目的に沿って力を合わせているうちに，今度は個々人の目的が生まれていく。

子どもの福祉に関していえば，「子どもの幸せ」という目的をもった「つながり（連携・協働）」の「働き」であるとまとめることができる。子どもの幸せのための「つながり」の「働き」の事例を以下に取り上げ，理解を深めたい。

（2）連携と協働の実際

1）別々だったものをつなぐ―幸重忠孝氏の活動―[1]

こどもソーシャルワークセンター代表，特定非営利活動法人山科醍醐こどものひろば前理事長である幸重忠孝氏の活動を紹介したい。

2010（平成22）年に京都府山科醍醐の「こどものひろば」で，子どもの貧困対策事業としてNPO法人の活動が始まった。2014（平成26）年からは滋賀県

や大津市，社会福祉協議会とともにスクールソーシャルワーカーと力を合わせて実践を続けている。

　京都府山科醍醐の「こどものひろば」では夜，子どもたちとボランティアの学生たちが何気ない会話をしながら食事をする。そのような何気ない時間を家庭で過ごすことができない子どもが増えている。「こどものひろば」に通ってくる子どもたちの多くはひとり親家庭である。親は生活のために朝早くから遅くまで働いていて，子どもと過ごす時間がほとんどもてない。とはいえ，生活が豊かになるほどの収入はない。学校は子どもの様子はわかってはいるが，対応はできない。親は働いているため，福祉が介入するほどでもない。子どもは食事をとったりとらなかったりで，お金もなく，親が頑張って働いていることはわかってはいるけれど，学習塾に行ったり家族と食事をしている他の家族とは違うことに不安を募らせる。事情は一人ひとり違うが，貧困にあり，不登校や発達障害のある子どもたちの夜の居場所が「こどものひろば」なのである。ここに通ううちに，ご飯を食べて，話すようになり，ゲームや好きなことをして落ち着くようになり，勉強をするようになり，将来や夢を口にするようになり，勉強や進学を果たしていくようになる。家庭の一部であるような場所が「こどものひろば」なのである。幸重氏の活動は，貧困を背負い孤立していく子どもたちを再び友だちや学校や将来とつないでいく活動である。

2）子どもの貧困対策の取り組み—無料塾と子ども食堂（茨城県龍ケ崎市）—

　特定非営利活動法人NGO未来の子どもネットワークは，貧困の中で大人になっていく子どもたちの居場所でもある学習支援としての「無料塾」，貧困対策生活支援としての「無料子ども食堂」を行っている（写真14—1，14—2）。筆者は，クリスマス会にプレゼントとしてリクエストされた子ども服の古着を持参し，ミニ発表会や食事会に参加した。

3）家庭と児童相談所と社会福祉施設

　子どもへの虐待が発見され，子どもの一時保護や保護者への指導・支援が行われる。その後の判定により，場合によっては子どもは児童養護施設への入所措置が行われる。ここでは虐待などの理由から子どもが守られ，保護者も一緒に過ごす環境を整え，準備をし直す時間がもたらされる。児童相談所や児童養護施設が，保護者と子どもの間に入り，再び保護者と子どもをつながることを

写真14―1　子どもの居場所　　　写真14―2　子ども食堂のメニューの
　　　　　　　　　　　　　　　　　　　　　　　　一例

写真提供：写真14―1，14―2ともに，特定非営利活動法人NGO未来の子どもネットワーク

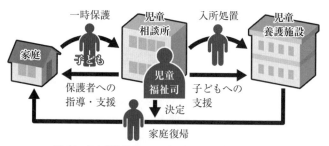

（出典）東京新聞朝刊，2019年7月14日付記事より作成

図14―1　児童相談所の役割（一部）

支えている（図14―1）。

4）企業とのつながり―児童養護施設の子どもたちへの支援（前川順氏の活動）―[2]

　前川順氏は，1991（平成3）年に京都府宇治市に貸衣装と写真スタジオを開業した。事業が順調だった2005（平成17）年に店舗の階下で殺人事件が起こり，客足が途絶えた。この逆境からようやく回復できたころ，テレビを見ていて児童養護施設で孤立や学費の工面に苦しむ子どもがいると知った。店が立ち直り，お世話になった人たちや地域に恩返ししたいと思っていたことと，児童養護の子どもたちとのことがつながった。2011（平成23）年当初は，奨学金創

設を考えたが，いろいろな仕事を通じて人を育てるのが中小企業の強みであることに気づき，子どもたちを職場に招いて仕事を体験してもらったり，施設を訪ねて趣味や恋愛を話題に雑談をしたりして，子どもたちと交流を続けて7年になる。京都府宇治市の仲間には，木工所やうどん店経営者，ウェブデザイナーと多彩な仲間がいる。

5）つながりの基盤づくり─母子家庭の居住支援─[3]

NPO法人リトルワンズ（代表：小山訓久氏）は，2012（平成24）年から6年間で300世帯以上の母子家庭に対し，住居に関する支援を行った。家賃を払えず，10日後には住居から追い出されるかもしれないというSOSが届くこともある。親類宅で間借りをすることになり，押入れを子ども部屋にした家庭もある。また，働かず家賃を払わないといった誤解を解くために，多くの母親は働いており，家賃をきちんと支払えるということを伝えることもしてきた。ホームページを見ると，母子家庭支援のみならず父子家庭を支援することにも取り組んでいることがわかる。

さまざまな理由により，住居を失ったまたは子育てに不向きな住宅にある母子や父子が支援を受けて家族成長の場である住宅を得て，再び仕事や子育て環境を整え，社会とつながっていく。

6）国の制度としてのつながり─「子どもの貧困対策の推進に関する法律」─

貧困を背負う子どもが7人に1人（平成28年国民生活基礎調査）存在する。「子どもの貧困対策の推進に関する法律」は，子どもの貧困問題を解決するために2014（平成26）年1月に施行され，この法律の一部を改正する法律も2019（令和元）年6月に施行された。保護者の病気や就労が不安定であること，親族等からの孤立などさまざまな要因から，子どもの学力不足，不衛生，不安定な食生活，虐待，不登校など，子どもにとって厳しい環境につながることがある。このような環境にあると，親や子どもの努力だけでは抜け出すことは難しい場合がある。この法律は，このような環境にある親や子どもに対して早い段階で生活の様子を把握し，必要な支援につなげる制度（決まり）である。

7）「つながり」の根っこ─聖書『1匹の迷える羊』─

100匹の羊がおり，そのうちの1匹が迷い出ていなくなった。99匹を山に残して置いて，迷い，いなくなった1匹の羊を探しに出かけるという有名な例え

話がある。誰かが傷んでいる，困っている。そこに手を差し伸べる。その人の問題は私の問題ではないけれど，その傷つき，傷んでいる姿を見たら，まるで私も傷んでいるみたいにどうしようもなく私の胸が締め付けられる。「腑に落ちる」という言葉がある。深く理解するという意味だが，この「腑」は人間の体の中の臓器を意味するものである。人の痛みを「頭に入る」とはいわずに「腑に落ちる」というのは，相手の痛みを分かち合う能力が私たち人間の身体にはあるからではないだろうか。

　誰かとつながろう（連携・協働）とする感覚は，他者の痛みを自分の中に見いだして，あたかも本当の自分の痛みのようにふるまうことなのではないだろうか。自分の痛みが走る傷を手でさするように，相手の痛みを発する場所を手でさする。つながり（連携・協働）の根っこは，他者の痛みや自分の痛みの「わかちあい」にあるのかもしれない。

　これらの事例により，さまざまな場における「つながり」をみることができる。その「つながり」の中で，「わかち合い」という「はたらき」がある。「つながり」と「わかち合い」という「はたらき」が，地域における連携と協働なのである。

●演習コーナー●
・あなたのこれまで体験した「つながり」と「わかち合い」はどのようなものがあったか。グループで語り合い，わかち合ってみよう。

引用文献

1）幸重忠孝：まちの子どもソーシャルワーク，かもがわ出版，2018
2）朝日新聞，2018年11月27日付『ひと』掲載
3）シングルママ，パパのサポート団体NPO法人リトルワンズホームページ

■ 索 引 ■

177

178

執筆者一覧

〔編著者〕

松本　峰雄（まつもと　みねお）　元千葉敬愛短期大学 教授
成田国際福祉専門学校 非常勤講師

野島　正剛（のじま　せいごう）　武蔵野大学 教授

和田上貴昭（わだがみたかあき）　日本女子大学 准教授

〔著　者〕（執筆順）

内田　知宏（うちだ　ともひろ）　元東京立正短期大学 専任講師

小野　智明（おの　ともあき）　横浜創英大学 教授

吉野　真弓（よしの　まゆみ）　育英短期大学 准教授

赤瀬川　修（あかせがわ　おさむ）　安田女子短期大学 准教授

関谷みのぶ（せきや）　名古屋経済大学 教授

中島健一朗（なかしまけんいちろう）　相模女子大学 専任講師

河野　清志（かわの　きよし）　大阪大谷大学 准教授

遠田　康人（とおだ　やすひと）　成田国際福祉専門学校 専任講師

四訂 子どもの福祉─子ども家庭福祉のしくみと実践─

2011年（平成23年） 4月30日	初版発行
2013年（平成25年） 3月 1日	改訂版発行〜第3刷
2017年（平成29年） 2月10日	三訂版発行〜第3刷
2020年（令和2年） 3月25日	四訂版発行
2021年（令和3年） 8月20日	四訂版第2刷発行

	松 本 峰 雄
編著者	野 島 正 剛
	和田上 貴 昭
発行者	筑 紫 和 男
発行所	株式会社 建 帛 社 KENPAKUSHA

〒112-0011　東京都文京区千石4丁目2番15号
TEL (03) 3944−2611
FAX (03) 3946−4377
https://www.kenpakusha.co.jp/

ISBN　978-4-7679-5121-8　C3037　　　　　　教文堂／愛千製本所
Ⓒ松本峰雄ほか，2011, 2013, 2017, 2020.　　　Printed in Japan
（定価はカバーに表示してあります）